# MIT DEM WOHNMOBIL DURCH DIE USA

BILDER VON CHRISTIAN HEEB
UND TEXTE VON THOMAS JEIER

# INHALT

**Seite 8/9:**
Im Reservat der Navajo-
Indianer: Die Navajos ver-
stehen sich als eigenständige
Nation und betrachten ihre
Heimat als heiliges Land, das
ihnen vom Schöpfer zugewie-
sen wurde.

# ON THE ROAD IM AMERIKANISCHEN WESTEN

On the Road again. Kaum ist man in Amerika gelandet, packt einen die Sehnsucht nach der Straße, spürt man das Verlangen, wieder unterwegs zu sein. Denn Highways sind keine Straßen, die von A nach B führen, auf Highways ist der Weg das Ziel, und was kann einem schon passieren mit dem Haus auf dem Rücken. Leicht zu fahren wie simple Limousinen sind diese Wohnmobile, aus dem Radio tönen Songs, die zu der Weite passen, die eisgekühlte Coke und die Tuna Salad Sandwiches sind immer in Griffweite, und wenn uns die Müdigkeit überkommt, halten wir einfach an und hauen uns aufs Ohr. So macht das Fahren noch Spaß, auch wenn die Highways nicht mehr das sind, was sie mal waren, zu viele Schlaglöcher und Baustellen wie im alten Europa. Was soll's, das Feeling bleibt, besonders im Westen, wo das Amerika unserer Träume wartet, die rotbraunen Felsen im Grand Canyon und dem Monument Valley, die Rocky Mountains mit Yellowstone und den Tetons, das Yosemite Valley. Amerika in Cinemascope.

In Las Vegas treffen wir Freunde aus Oregon: Dave und Aleta Nissen mit ihrer kleinen Tochter Annika. Vom Campground hinter dem Hotel „Circus-Circus" sind es nur ein paar Schritte zum erleuchteten Strip. Nicht mehr das, was er mal war, zu kommerziell und an jeder Ecke mit

In den Ausläufern der San Bernardino Mountains in Kalifornien liegen die Kelso Dunes, eine eintönige, aber faszinierende Mondlandschaft vulkanischen Ursprungs. Selbst im Hochsommer wird es nachts empfindlich kalt.

einer neuen (vermeintlichen) Attraktion, aber immer noch faszinierend. Die Casino-Hotels überbieten sich gegenseitig. Im Circus-Circus gibt es einen Vergnügungspark, wie eine ägyptische Pyramide ragt das Luxor aus der Wüste empor. In den Katakomben der Pyramide wartet eine abenteuerliche Bootsfahrt auf Gäste und Besucher. Fast in Originalgröße ragen die markanten Bauwerke des echten Venedig aus den künstlich angelegten Kanälen des Venetian empor. Beim Spielen kann man nur verlieren, und die Shows sind sündhaft teuer, aber was macht das schon. Wer auf Vergnügungsparks steht, fühlt sich auch in Vegas wohl.

## DEATH VALLEY

Uns zieht es in die Wüste, ins sagenumwobene Death Valley. Auf dem Campground bei Furnace Creek ist es tierisch heiß, im Sommer werden hier fünfzig Grad Celsius gemessen. Mit ordent-

lich Wasser im Gepäck genießen wir die stille Schönheit des Wüstentals: der sogenannte Devil's Golf Course mit bizarren Salzkristallen, die Felslandschaft von Zabriskie Point, im gleichnamigen Film zu Ehren gekommen. Von Dante's View sieht man den tiefstgelegenen Punkt der westlichen Hemisphäre, das 85,5 Meter unter dem Meeresspiegel liegende Badwater. Über den Nature Arch Trail wandern wir in einen schmalen Canyon. Frühmorgens genießen wir die ungewöhnliche Kühle auf den Kelso Dunes bei Shoshone.

Wir bleiben in der Wüste. Vorbei an Twentynine Palms, einer eher trostlosen Siedlung, aber ideal zum Proviant auffüllen, zieht es uns in den Joshua Tree National Park. Eine asphaltierte Straße führt durch dichte Bestände von Teddy Bear Chollas und Joshua Trees, die vor allem im Abendlicht ihre volle Schönheit offenbaren. Die kakteenartigen Pflanzen sind mit den Yuccas

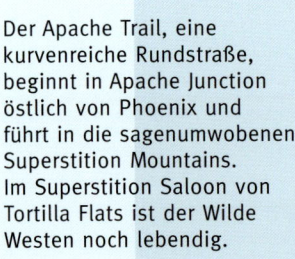

Der Apache Trail, eine kurvenreiche Rundstraße, beginnt in Apache Junction östlich von Phoenix und führt in die sagenumwobenen Superstition Mountains. Im Superstition Saloon von Tortilla Flats ist der Wilde Westen noch lebendig.

verwandt und werden bis zu zwölf Meter hoch. Ihren Namen haben sie von den Mormonen erhalten. Die abgewinkelten Äste der Agavengewächse erinnerten die Gläubigen an den Propheten Joshua, der ihnen den Weg ins Paradies wies. Von Keys View haben wir eine tolle Aussicht auf das Coachella Valley mit seinen vielen Windrädern.

Weiter nach Phoenix in der Arizona-Wüste. Eher eine gesichtslose Großstadt, aber ein Besuch im Heard Museum muss sein. In keinem anderen Museum findet man eine so bedeutende Ansammlung indianischer Kunst. Die Natur hat uns östlich der Stadt wieder, in Apache Junction. Dort beginnt der Apache Trail. Nur der erste Teil ist asphaltiert. In zahlreichen Kurven und an den Hängen tiefer Schluchten entlang windet sich die Schotterstraße durch eine der schönsten Landschaften des amerikanischen Südwestens. Wie funkelnde Smaragde leuchten zahlreiche Stauseen wie der Apache Lake und der Theodore Roosevelt Lake zwischen den schroffen Felsen der Superstitions. Aus der Kakteenwüste ragen meterhohe Saguaros, rot blühende Ocotillos, knorrige Prickly Pears, klobige Barrel-Kakteen und trockener Mesquite. Wir kampieren im Lost Dutchman State Park, aber nach der legendären Goldmine in den Superstition Mountains suchen wir vergeblich.

## VON DER WÜSTE IN DIE BERGE

Nur wenige Stunden brauchen wir von der heißen Kakteenwüste in die kühlen Berge. Beinahe zweitausend Meter hoch liegt der Mogollon

Rim im nordöstlichen Arizona. Inmitten der Fichtenwälder schimmern romantische Seen.

Vom Campground am Fool Hollow Lake fahren wir ins Navajo Country, das größte Indianerreservat der USA. Die Navajos verstehen sich als eigenständige Nation und betrachten ihre Heimat als heiliges Land, das ihnen vom Schöpfer zugewiesen wurde. „Ich habe Angst um mein Volk“, sagt Benny Silversmith. Wir treffen den Medizinmann außerhalb von Window Rock. „Zu viele Mitglieder des Stammes vergessen ihre Sprache und ihre Kultur und verlieren den Kontakt zur heiligen Erde. Bald wird es keine Navajo mehr geben, nur Indianer, die möglichst amerikanisch sein wollen.“ Wir fahren über eine einsame Straße nach Norden. Braune Felsbrocken ragen aus dem Sand, graue Vulkanasche bedeckt den aufgeplatzten Lehmboden. Über 270 000 Diné, so ihr eigener Name, leben in dem fünfeinhalb Millionen Hektar großen Reservat. Sie treiben immer noch ihre Schafherden durch die Canyons und profitieren von den Touristen, die den Canyon de Chelly und das

In der Navajo Reservation an der Grenze zwischen Arizona und Utah geht der Blick bis zum Horizont. Ungefähr 270 000 Indianer leben in dem kargen Land, über die Hälfte unter der Armutsgrenze.

Monument Valley sehen wollen. Am Straßenrand bieten sie Türkisschmuck und Souvenirs an. Doch die Arbeitslosigkeit liegt bei vierzig Prozent, und die meisten Navajos leben vom Staat.

Benny Silversmith erzählt uns, dass sein Volk im Winter 1863 von Kit Carson und seinen Soldaten unterworfen wurde: „Die Soldaten vernichteten unsere Ernte und töteten oder stahlen unsere Schaf- und Pferdeherden." Am 6. März 1864 schickte man 2400 Indianer auf den „Langen Marsch" nach Bosque Redondo, und in dem unfruchtbaren Land starben vor allem Frauen und Kinder. Im 21. Jahrhundert behaupten sie sich mit einer eigenen Regierung und viel Selbstvertrauen in der Welt des Weißen Mannes, sogar eine eigene Rundfunkstation, die in der Sprache der Navajos sendet, gibt es in Window Rock, der Hauptstadt des Indianerlandes.

Im Canyon de Chelly reiten wir mit einigen Navajos auf den Spuren ihrer Vorfahren. Grüne Bauminseln und Weiden heben sich von den grauen Felswänden ab. Die White House Ruins,

Schlafen wie die Indianer – in den Tipis des Lodgepole Gallery & Tipi Village. Darrell Norman, ein Mitglied des Blackfeet-Stammes, und seine deutsche Frau veranstalten Führungen durch das Reservat.

mehrstöckige Felsenhäuser in einer Ausbuchtung der Felswand, erinnern an die prähistorischen Indianer, die um 1200 nach Christus in der Schlucht lebten. Auf dem Campground beim Canyon freunden sich die Nissens mit einem Hund an. Auch er gehört den Navajos, wie alles im Reservat. Endlich profitieren die Indianer auch vom Tourismus, besonders beim Visitor Center am Monument Valley.

## MONUMENT VALLEY

Das legendäre Felsental gehört zu unseren Lieblingszielen. Für den legendären Westernregisseur John Ford und seinen Star John Wayne wurde es zur zweiten Heimat, für die Navajo-Indianer, die dort seit vier Jahrhunderten leben, ist es der Mittelpunkt der Erde, das „Land des schlafenden Regenbogens". Seit 1960 steht es als Navajo Tribal Park unter Naturschutz. Mächtige Tafelberge und schroffe Felsnadeln erheben sich aus der rotbraunen Erde, wirken wie stumme Wächter in einer verzauberten Fantasy-Landschaft. Eine mythische Landschaft, der amerikanische Westen schlechthin. Bis zum Ford's Point dürfen wir mit dem Wohnmobil fahren, für eine Reise ins Hinterland steigen wir zu Willie Blackwater in den Jeep. „Ich kenne ein paar Stellen im Tal, da hat sich seit hundert Jahren kaum was verändert", sagt er.

Eine halbe Stunde später halten wir in einer abgelegenen Siedlung. Vor den Hütten spielen Kinder im spärlichen Gras, einige Hunde laufen umher. Ein altersschwacher Pick-up steht hinter einer Hütte. Vor einem Webstuhl sitzt eine alte Navajo-Frau, die seit mehr als achtzig Jahren im

Monument Valley lebt. Sie kann sich noch an Harry Goulding erinnern, und an John Ford und John Wayne, denn sie hat in fast allen Western gespielt, die in ihrem Tal gedreht wurden. „Einmal war ich die Frau von Geronimo", berichtet sie. Wir bestaunen den Teppich auf dem Webstuhl. Sie überarbeitet ihre gewebten Muster nie, sonst könnten ihr die Geister die Kunstfertigkeit nehmen. Aus demselben Grund hat sie ihren ersten Teppich nie verkauft. „So ist es Brauch bei unserem Volk."

Im Hogan der alten Frau riecht es nach gekochtem Ziegenfleisch und Pinienholz. Es ist angenehm kühl. Sie kocht über einem offenen Feuer, obwohl die meisten Navajos längst auf Butangas- oder Elektroherde umgestiegen sind. Der sandige Boden ist mit Fellen bedeckt. Sie setzt sich in einen Polstersessel, dessen Farbe kaum noch zu erkennen ist, und zündet sich eine Zigarre an, eine Angewohnheit, die sie von John Ford übernommen hat. „Der rauchte immer, wenn er über eine Szene nachdachte." Im Halbdunkel des Hogans liegen einige Blechkoffer, sie ersetzen Schränke und Schubladen. Daneben lehnt ein Bretterregal mit Konservendosen an der Wand. „Mein Volk hat viel Leid erfahren müssen", berichtet sie ruhig, „aber in diesem Tal habe ich meinen Frieden gefunden."

Unterwegs zum Grand Canyon schließen wir uns einem Ranger an und wandern zum Betatakin Cliff Dwelling, einer Felswohnung prähistorischer Pueblo-Indianer, ein anstrengender Marsch durch die Felswildnis zwischen Kayenta und Lake Powell. Weitaus gemütlicher ist die Bootsfahrt über den künstlichen Stausee. Er

besteht seit der Errichtung des Glen-Canyon-Dammes im September 1963. Das Wasser brauchte drei Jahre, um die tiefen Felsschluchten zu füllen. Seine Küste ist dank der vielen Windungen und Canyons länger als die gesamte Westküste der USA. Am Ufer des gewaltigen Sees wurde der Monumentalfilm „Die Bibel" gedreht.

## NATUR VON ARCHAISCHER URGEWALT

„Im Südwesten ist man der Schöpfung nahe", sagen nicht nur die Navajos. Besonders in den Nationalparks des Colorado Plateaus zeigt sich die Natur mit einer archaischen Urgewalt, wie man sie nur noch in wenigen Wildnisgebieten der Erde findet. Daran können auch die vielen Besucher nichts ändern. Selbst im Grand Canyon, einem der größten Naturwunder des amerikanischen Kontinents, ist man abseits der asphaltierten Straße mit der Natur allein. „Dies ist ein Anblick, den alle Amerikaner genießen sollten", sagte Teddy Roosevelt, begeisterter Naturliebhaber und Präsident der USA, über den Grand

Die Freiheit ist noch lange nicht ausverkauft. In den Nationalparks wartet urwüchsige Natur mit majestätischen Bergen, zerklüfteten Tälern, zerfurchten Canyons, tiefen Wäldern, reißenden Flüssen, stillen Seen und einsamen Landschaften.

Im Canyon de Chelly ragen die Felswände bis zu 300 Meter empor. In den grünen Oasen am Flussufer lassen Navajos ihre Schafherden weiden. Die White House Ruins erinnern an prähistorische Indianer, die vor ihnen in der Schlucht wohnten.

abwechslungsreichen Felsengarten, überlässt den Wanderer den geheimnisvollen Liedern des Windes. Mehr als 250 Millionen Jahre sind die Gesteinsschichten am Capitol Reef alt. In den Canyonlands kommt man im zerklüfteten Hinterland nur mit festen Wanderschuhen voran, und im Arches National Park steht man im Schatten gewaltiger Steinbogen und mächtiger Felsenbrücken.

Im Valley of Fire State Park, inmitten eines zerklüfteten Tals mit schroffen Felswänden und sanften Dünen gelegen, verabschieden wir uns von den Nissens. Aleta Nissen: „So ein Wohnmobil-Trip ist genau das Richtige für eine kleine Familie. Wir hatten jede Menge Spiele mitgenommen, damit es der Kleinen nicht zu langweilig wurde, aber das kam selten vor. Auf einer solchen Reise werden selbst einfache Dinge wie das Parken und Andocken auf einem Campground, das Einkaufen und das Kochen zum Abenteuer."

Canyon, der bereits 1919 zum Nationalpark erklärt wurde. Über 350 Kilometer ziehen sich die Schluchten durch den nordwestlichen Teil von Arizona, über tausend Meter ragen die zerklüfteten Felswände in den Himmel empor. Als „Summe der Schöpfung" hat der Autor Frank Waters die schillernden Felsmassive, klobigen Türme, mächtigen Pyramiden und spitzen Nadeln in der Schlucht beschrieben. Der Bright Angel Trail führt zum Colorado River hinab, die mehrstündige Wanderung gleicht einer Zeitreise durch die geologische Geschichte der Erde.

Über den „Grand Canyon Circle", die Touristenroute durch den amerikanischen Südwesten, erreicht man fast alle Nationalparks in der Felswildnis: Im Zion National Park führt eine kurvenreiche Asphaltstraße am Virgin River entlang zum „Temple of Sinawava", einer Schlucht aus farbenprächtigen Felsklötzen. Wie Orgelpfeifen erheben sich die roten und braunen Felstürme im Bryce Canyon aus der tiefen Schlucht. Der „Under-the-Rim-Trail" windet sich durch den

## ROCKY MOUNTAINS, HERE WE COME

Unseren Trip in die Rocky Mountains und ins Indianerland starten wir in Billings, Montana. Ideal gelegen, weil zwischen den Bergen und der Hochprärie angesiedelt, gehört es schon seit vielen Jahren zu unseren Lieblingszielen. Im Pierce RV Supercenter übernehmen wir unser Wohnmobil, ein über sieben Fuß (circa 21 Meter) langes Ungetüm, das aber leicht zu fahren und mit allem ausgestattet ist, was man für eine mehrwöchige Reise braucht. Gerade auf einer Fahrt in die Rocky Mountains sollten sowohl die Heizung als auch die Klimaanlage einwandfrei funktionieren. Die Temperaturunterschiede sind gewaltig, vor allem im Frühjahr und Herbst.

Der KOA Campground von West Yellowstone wird unser erstes Basislager, etwas abseits vom Nationalpark, dafür aber nicht so überlaufen und wunderschön im Grünen gelegen. In der Nähe des Campgrounds staut sich der Verkehr vor einem Adlernest in einem Baum am Straßenrand, gelbe Schilder warnen vor streunenden Bisons. Selbst während der Hochsaison schläft man hier relativ ungestört. In dem gleichnamigen Ort gibt es ein Grizzly & Wolf Discovery Center, in dem man alles über die faszinierenden Tiere erfahren kann, und ein erstklassiges Antiquariat für Bücher über den amerikanischen Westen („Bookworm"), aber natürlich strömt alles auf den Highway 191 zum Yellowstone National Park.

Das riesige Gebiet an der Grenze zwischen Wyoming und Montana wurde bereits am 1. März 1872 als erster Nationalpark der Welt gegründet. Damals gab es außer Indianern und Waldläufern kaum Besucher. Wer Old Faithful oder den Yellowstone Lake sehen wollte, musste einen beschwerlichen Ritt durch die Wildnis auf sich nehmen. Erst die Eisenbahn, die 1883 in das riesige Mammoth Hotel bei den gleichnamigen heißen Quellen investierte, sorgte für den ersten Touristenansturm. Die meisten Besucher waren wohlhabend und gaben ein halbes Vermögen für die Eisenbahnfahrt und eine Rundreise durch den Park aus. Lee Whittlesey, ein Historiker des National Park Service, verrät uns: „Damals nahm man sich

noch Zeit, den Park kennenzulernen. Man war fünf bis zehn Tage unterwegs und erlebte die Natur noch hautnah."

Heute ist der Touristenansturm ungleich größer, und die meisten Leute bleiben im Schnitt nur anderthalb Tage. Wir treffen Doug Smith, der im Januar 1995 half, die Wölfe nach Yellowstone zurückzuholen und stolz darauf ist, dass heute schon mehrere Rudel im Lamar Valley leben. Er steht dem Ansturm kritisch gegenüber. „Wir lieben unseren schönsten Nationalpark zu Tode", warnte er vor einer Zerstörung der Natur. „Die Straßen sind in einem jämmerlichen Zustand, und im Hochsommer kommt es zu langen Staus und wahren Menschenaufläufen, wenn irgendwo ein Bär oder Hirsch auftaucht. „Nur fünf Prozent aller Besucher wandern ins

Annika Nissen am Zabriskie Point, einer eindrucksvollen Felslandschaft im Death Valley. Hier drehte der italienische Regisseur Michelangelo Antonioni seinen umstrittenen und viel diskutierten Film.

Besonders beeindruckend sind die zerfurchten Sandsteinformationen des Valley of Fire am frühen Morgen und Abend. Das Felsental, ungefähr achtzig Kilometer nordöstlich von Las Vegas gelegen, entstand in der Jurazeit vor etwa 150 Millionen Jahren.

des Yellowstone River empor. Das Wasser der Upper Falls stürzt dreißig Meter tief von den dunklen Lavafelsen, die Lower Falls fallen hundert Meter in den schäumenden Fluss. Bei Norris weiden Hirsche, im Hayden Valley findet man Elche, und die zottigen Bisons weiden direkt am Straßenrand. Das Füttern der Bären, noch in den Sechzigerjahren eine Lieblingsbeschäftigung der Touristen, ist streng verboten. Die Philosophie lautet jetzt, der Natur ihren Lauf zu lassen. „Im 19. Jahrhundert schossen die Menschen auf alles, was sich bewegte", sagt Lee Whittlesey, „heute ist die Jagd untersagt, und wir empfehlen den Besuchern, die wilden Tiere mit dem nötigen Respekt zu beobachten."

Südlich von Yellowstone wartet der Grand Teton National Park, noch eindrucksvoller und gewaltiger, vielleicht sogar der schönste Nationalpark der USA. Wie die scharfen Zähne eines gewaltigen Hais heben sich die schroffen Gipfel der Teton Mountains gegen den Himmel ab. Am eindrucksvollsten präsentieren sich der Grand Teton und der Mount Moran, zwischen den beiden Gipfeln erkennen wir Gletscherfelder. Ihre schneebedeckten Gipfel spiegeln sich im klaren Wasser des Jenny Lake. Wir wandern um den stillen See herum und in den Cascade Canyon, begegnen Murmeltieren und einer Elchkuh, die ruhig an einigen Zweigen knabbert.

Den überlaufenen KOA südlich von Jackson tauschen wir schon bald gegen einen der herrlich gelegenen Campgrounds an der Gros Ventre Road ein. Die neuen asphaltierten Radwege bieten sich für eine Tour durch das weite Tal und zu einem der sechs Seen an, die sich wie

Hinterland. Eigentlich schade, denn abseits der Highways ist noch alles in Ordnung. Am besten wäre es, den Nationalparks für Autos zu sperren und die Besucher in Bussen zu transportieren."

## LAVAFELSEN UND HEISSE QUELLEN

Innerhalb der Parkgrenzen ist die Erde in Aufruhr. Weite Teile von Yellowstone liegen im Krater des gleichnamigen Vulkans, dessen Magmakammer das von den Bergen herabfließende Wasser erhitzt und durch schmale Kanäle als Dampf, heißen Schlamm oder in Fontänen nach oben presst. Über dreihundert heiße Quellen gibt es im Park. Am bekanntesten wurde „Old Faithful", der Verlässliche, weil seine eindrucksvolle Fontäne in regelmäßigen Abständen aus der Erde schießt. Wie im Theater sitzen die Besucher um den Geysir herum und warten auf das Schauspiel.

Östlich von Norris Junction liegt der Grand Canyon of the Yellowstone. Zerklüftete Felsen ragen zu beiden Seiten der wirbelnden Wasser

Perlen an einer Kette durch den Nationalpark ziehen. Die beste Aussicht hat man vom Snake River. In den sumpfigen Niederungen kann man jeden Morgen die Elche beobachten, bis dicht an die Jackson Lake Lodge kommen sie heran. Der riesige Jackson Lake gehört erst seit 1950 zum Park.

Jackson ist bodenständig geblieben, hat sich seinen eigenständigen Charakter bewahrt. Mit schmucken Künstlerenklaven wie Santa Fe kann und will es nicht konkurrieren, obwohl sich hinter den hölzernen Fassaden auch Kunstgalerien und Modeboutiquen verbergen und der Tourismus boomt. Aber im Westernladen nebenan werden Staubmäntel und Arbeitshosen an „arbeitende" Cowboys verkauft, und in den Bars unterhalten sich raue Burschen mit wettergegerbten Gesichtern über den letzten Viehtrieb.

## WILDE MUSTANGHERDEN

In Cody besuchen wir das Buffalo Bill Historical Center mit seinem vorbildlichen Indianermuseum und einer Ausstellung über Buffalo Bill, der im nahen Irma Hotel eine Suite bewohnte, dann geht es nach Montana zurück. Wir sind mit Jared Bybee vom BLM (Bureau of Land Management) verabredet. Als Horse and Burro Specialist kümmert er sich um die letzten frei lebenden Mustangs im Pryor Wild Horse Refuge in den Pryor Mountains. „Zurzeit leben dort 195 Wildpferde", berichtet er, während wir über eine einsame Straße im Bighorn Basin fahren. Außer Salbei, Greasewood und Wacholder wächst hier kaum was. „Insgesamt gibt es ungefähr

36 000 Mustangs im amerikanischen Westen." So viele, dass ein Teil immer noch in die Schlachthöfe wandert. Teilweise Abhilfe schafft ein Adoptionsprogramm, das vor allem Ranchern ermöglicht, preiswert an ein Pferd zu kommen. „Mustangs sind zäh und ausdauernd", betont Jared, „sie stammen von den Pferden ab, die mit den Spaniern nach Amerika gekommen sind. Die Indianer benutzten sie als Kriegsponys und gingen damit auf die Büffeljagd."

Über die Burnt Timber Road, eher ein holpriger Trail als eine Straße, klettert unser Jeep in die Pryor Mountains hinauf. Beinahe vier Stunden sind seit unserem Aufbruch in Billings vergangen, und kaum einer von uns glaubt noch daran, die Mustangs zu Gesicht zu bekommen. Doch als wir die Bergweiden erreichen, warten ungefähr zwanzig Mustangs auf einer Anhöhe. Sie stehen in Gruppen beisammen, einige Stuten mit ihren Fohlen und eine Einzelgängerin, deren dunkles Fell verführerisch in der Sonne glänzt.

Südlich der alten Route 66 in Kalifornien erinnern ein Krater und weite Salzfelder an die vulkanische Beschaffenheit des Gebiets. Vor dem Bau der Interstates waren der Krater und die Salt Flats ein beliebter Stopp auf der Reise nach Kalifornien.

Im Mojave National Preserve bleibt die kalifornische Wüste zumindest in Teilbereichen vor der kommerziellen Ausbeutung verschont. Touristisch ist die Mojave Desert kaum erschlossen.

Wir bleiben zwei Stunden in den Bergen, picknicken vor einer verwitterten Blockhütte, die Jared als Quartier dient, wenn er die Pferde inspiziert. Lauter Hufschlag lässt uns auf den Berghang jenseits des Tales blicken. Ungefähr dreißig Mustangs, angeführt von einer stolzen Stute und bewacht von einem schwarzen Hengst, galoppieren über die Bergwiese, wie in einem Westernfilm. „Zu jeder Herde gehört eine dominante Stute", erklärt Jared, „und ein Hengst. Er verteidigt seinen Harem gegen Feinde von außen."

## AUF DEN SPUREN DES GOLDES

Im Wohnmobil fahren wir ins südwestliche Montana. Hier stößt man auf die Spuren eines Booms, der durch zahlreiche Gold-, Silber- und Kupferfunde im 19. Jahrhundert ausgelöst

wurde. Am bedeutsamsten war der Goldrausch, der 1863 mit Funden in der Alder Gulch begann. Geisterstädte wie Bannack, Virginia City und Nevada City erinnern noch heute an diese Zeit.

Am Tresen im „Bandidos" in Virginia City lässt Tom Williams sich seinen Kaffee schmecken. Jeder in der kleinen Stadt kennt den Oldtimer, der 1932 in Virginia City geboren wurde und die Stadt nur während seiner Militärzeit verließ. „Ich komme jeden Morgen hierher", sagt er, „die freundliche Lady im ,Bandidos' spendiert mir manchmal einen Kaffee. Meine Großeltern haben in der Alder Gulch nach Gold gesucht, auf dem Gelände ihrer Mine liegt jetzt ein Golfplatz. Reich wurden sie nie." Er beißt in den Donut, den wir ihm spendiert haben. „Wusstet ihr, dass vor dem Haus nebenan die Banditen aufgeknüpft wurden? Hier war ordentlich was los. In den 1950ern war das noch 'ne richtige Geisterstadt hier, kein Geld, die Touristen kommen erst seit einigen Jahren."

Das nördliche Montana beeindruckt mit ungezähmter Wildnis. Nicht weit von der Hauptstadt Helena liegen die romantische Universitätsstadt Missoula und der malerische Flathead Lake. Der Glacier National Park mit seinen schneebedeckten Gipfeln, Gletschern und Seen reicht bis zur kanadischen Grenze. Doch uns zieht es zum Rodeo nach East Helena. Auf dem Programm steht das Bull Riding. Einer der Bullen, ein schwarzes Monstrum mit langen Hörnern, hat einen schlechten Tag erwischt. Kaum ist es aus der Startbox, wirft das Tier den Reiter ab und geht mit gesenkten Hörnern auf ihn los. Travis Langen reißt seinen Hut vom Kopf und stellt sich ihm winkend in den Weg, klettert rasch auf eine Mauer, als der Bulle angreift. Craig Miller lockt ihn in eine andere Richtung, verhöhnt ihn mit Zurufen und Pfiffen, bis die beiden Pick-up Riders herangeritten kommen und ihn aus der Arena drängen.

Craig Miller und Travis Langen sind Bullfighters. Früher nannte man sie Rodeo Clowns, da trugen sie noch schrillere Kleidung und kamen auch wie Clowns daher, mit bemalten Gesichtern und roten Pappnasen. Sie haben den gefährlichsten Job in der Rodeo-Arena. Sie müssen den bockenden Bullen ablenken, wenn er einen Reiter abgeworfen hat. Kein Kinderspiel bei einem tonnenschweren Monstrum, das mit gesenkten Hörnern und schlagenden Hufen durch die Arena tobt. „Wenn der Reiter runterfällt, wird's immer kritisch", verrät uns Craig, „dann musst du höllisch aufpassen!" Travis stimmt ihm zu: „Bei einem Bullen weißt du nie, was er als Nächstes tun wird. Bullen sind unberechenbar. Manche Bullen legen es regelrecht darauf an, einen Reiter zu verletzen. Ist schon komisch. Auf der Koppel sind sie alle zahm, aber kaum geht's in die Arena, drehen sie durch. Damit müssen wir ständig rechnen."

Acht Sekunden müssen die Bullriders auf dem Rücken des bockenden Bullen bleiben und dabei eine gute Figur machen, sonst wird's nichts mit den Punkten. Die eine Hand umklammert das Bullrope, das Seil, das um den Bauch des Bullen geschlungen wird, die andere schwebt in der Luft. Ein mit Lammfell umwickelter Gurt liegt um die Hüfte des Tieres und hindert es daran, zu schnell durch die Arena zu rasen. Das Bocken ist antrainiert, mit Tierquälerei, wie oft behauptet wird, hat das nichts zu tun. Den Tieren werden keine Schmerzen zugefügt. „Unsinn", bestätigt Travis, „unsere Bullen haben ein schönes Leben, die bekommen das beste Fressen."

Zurück nach Billings, zu Pierce RV. Das Wohnmobil abgeben und schon mal für den nächsten Trip reservieren, ins Indianerland.

Das „Tal des Todes" liegt an der Grenze zwischen Kalifornien und Nevada. Seit 1994 gehört es zu den größten Nationalparks der USA. Seinen Namen erhielt es von einer Gruppe Siedler, die zu den Goldfeldern in Kalifornien unterwegs waren.

„Beeinträchtigt diese großartige Schönheit nicht!",
sagte der amerikanische Präsident Theodore Roosevelt schon 1903. „Dies ist ein Anblick, den alle Amerikaner genießen sollten!" Bereits 1919 erklärte die amerikanische Regierung den Grand Canyon zum Nationalpark.

Die gewaltige Schlucht des Colorado River ist ein Naturwunder von überwältigender Schönheit, klafft über einen Kilometer tief in der rotbraunen Felswildnis des Colorado-Plateaus. Die Gesteinsschichten sind bis zu 250 Millionen Jahre alt.

Touristisches Zentrum im Grand-Canyon-Nationalpark ist der südliche Rand, der South Rim, mit zahlreichen Hotels und Aussichtspunkten. Den besten Ausblick hat man vom Grandview Point, vom Moran Point und wie hier vom Watchtower an der Desert View.

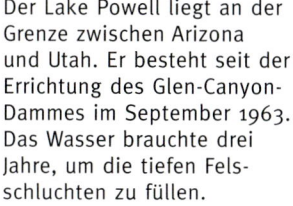

Der Lake Powell liegt an der Grenze zwischen Arizona und Utah. Er besteht seit der Errichtung des Glen-Canyon-Dammes im September 1963. Das Wasser brauchte drei Jahre, um die tiefen Fels-schluchten zu füllen.

Über zweitausend Gesteinsbögen, die in einem Zeitraum
von 150 Millionen Jahren von
Wind und Wetter aus dem
Fels gewaschen wurden,
erheben sich im Arches National Park. Seit 1929 stehen
die Felsen unter dem Schutz
der Regierung.

Der Arches Scenic Drive führt
zu den eindrucksvollsten
Aussichtspunkten des Parks.
Kaum zu glauben, dass in
der wüstenähnlichen Land-
schaft auch Tiere leben; die
hier beheimateten Kojoten,
Rotfüchse und Maultier-
hirsche lassen sich nur selten
blicken.

„Im Südwesten ist man der Schöpfung nahe", sagen nicht nur die Navajos. Besonders in den Nationalparks des Colorado-Plateaus zeigt sich die Natur mit einer archaischen Urgewalt, wie man sie nur noch in wenigen Wildnisgebieten der Erde findet.

Der Scenic Drive endet am Devil's Garden, dem „Garten des Teufels", einer Ansammlung von Steinbögen, darunter auch der neunzig Meter lange Landscape Arch. Wer frühmorgens kommt, trifft auch die scheuen Maultierhirsche.

Die zerklüfteten Plateaus und Schluchten des Colorado River gehören zu den landschaftlich schönsten und geologisch interessantesten Gebieten der Erde. Als Laune der Natur präsentieren sich die Mushroom Rocks in der Glen Canyon National Recreation Area.

Die anstrengende Wanderung zu den Betatakin Ruins im Navajo National Monument führt durch die Felswildnis zwischen Kayenta und dem Lake Powell. Am Ende des Trails warten die Betatakin Ruins, Felswohnungen prähistorischer Indianer.

In Cliff Dwellings wie den Betatakin Ruins lebten die prähistorischen Anasazi um circa 1200 nach Christus. Sie standen mit mesoamerikanischen Hochkulturen in Verbindung, bauten mehrstöckige Wohnpaläste und kannten eine Zeitrechnung.

Die kilometerlangen Schluchten und Felsformationen des Colorado River gehören zu den größten Naturwundern der Erde. Am Horseshoe Bend in der Glen Canyon National Recreation Area windet sich der Colorado um riesige Felsen herum.

**Linke Seite:**
Zu den größten Attraktionen im Arches National Park gehört der Delicate Arch, der über einen drei Kilometer langen Wanderweg zu erreichen ist und die Höhe eines siebenstöckigen Hauses erreicht. Alle bekannten Gesteinsbögen sind über bequeme Trails zu erreichen.

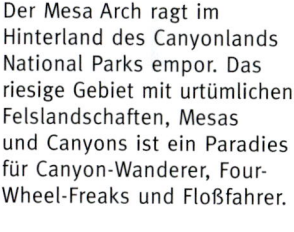

Der Mesa Arch ragt im Hinterland des Canyonlands National Parks empor. Das riesige Gebiet mit urtümlichen Felslandschaften, Mesas und Canyons ist ein Paradies für Canyon-Wanderer, Four-Wheel-Freaks und Floßfahrer.

Willkommene Pause am Ufer des Colorado River. Von Lees Ferry in Arizona bis Orange Cliffs im südlichen Utah erstreckt sich die Glen Canyon National Recreation Area, ein Erholungsgebiet mit einem riesigen Stausee und einer zauberhaften Natur.

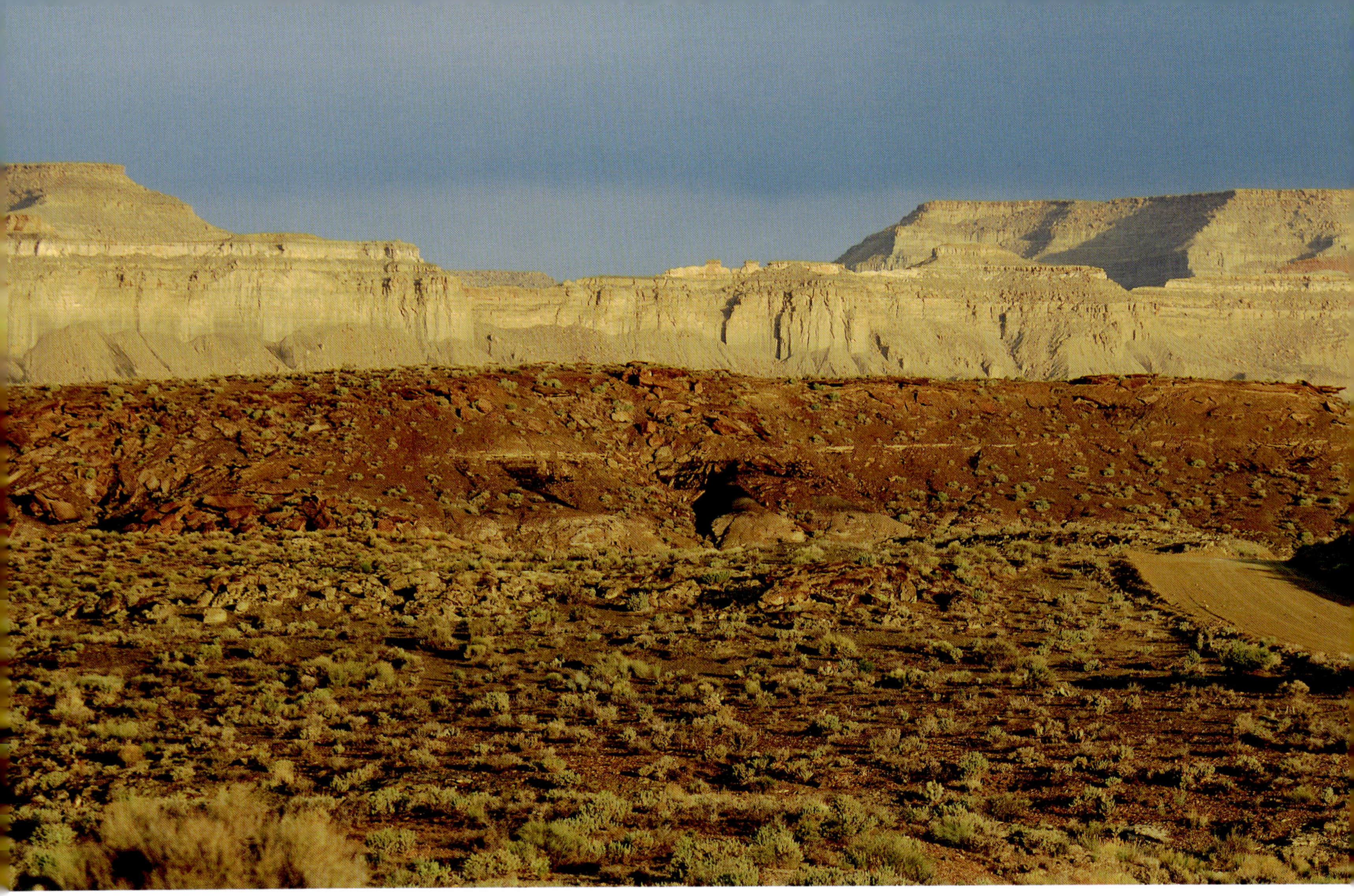

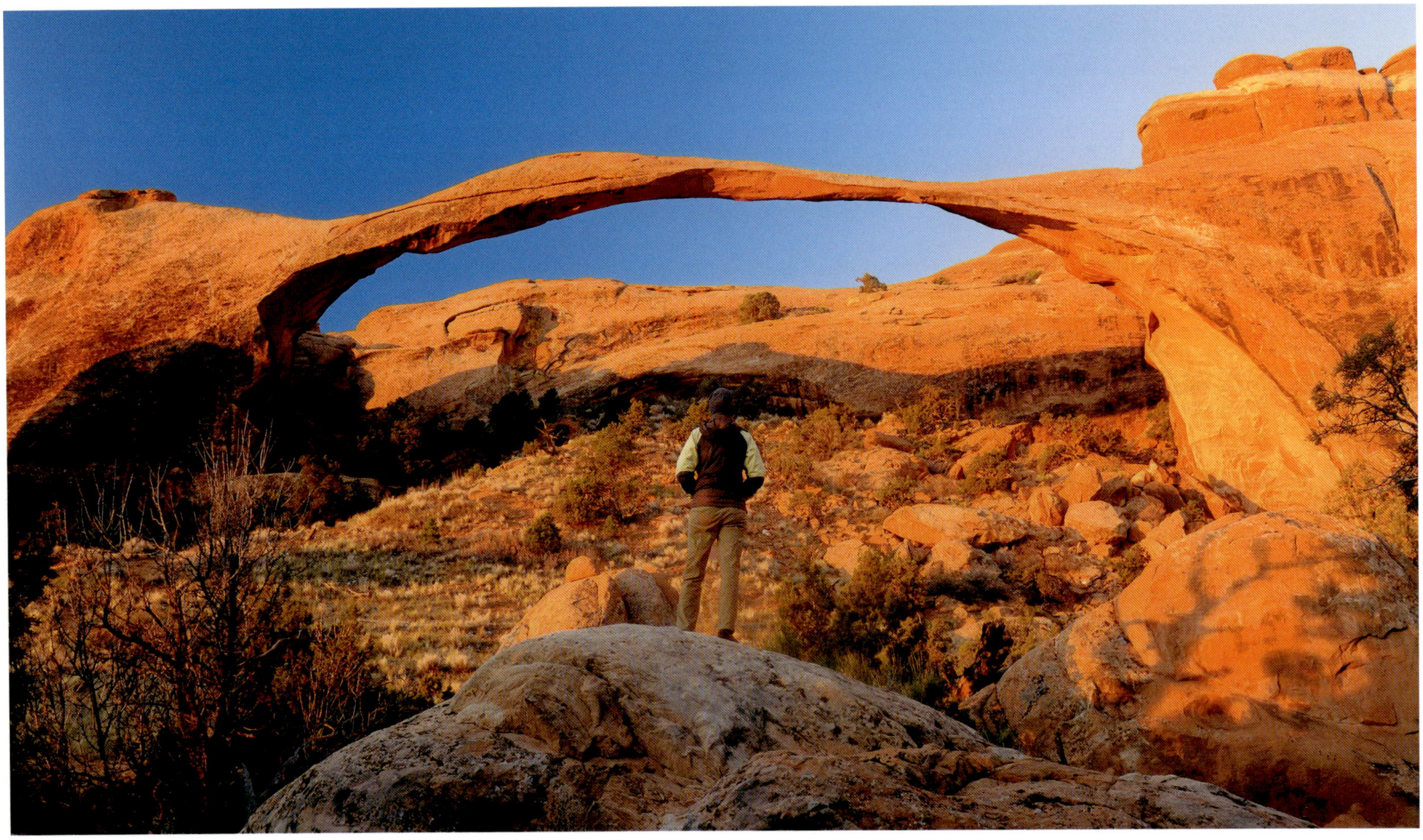

**Oben:**
In Arizona, New Mexico, Colorado und Utah locken leuchtend rote Felsen und spektakuläre Schluchten. Amerika in Cinemascope und 3-D, ein Panorama, wie man es sonst nur im Kino und in Träumen sieht. John Wayne Country.

**Ganz links:**
Im Devil's Garden, einem der faszinierendsten Abschnitte im Arches National Park, erheben sich über sechzig steinerne Bögen. Der Landscape Arch steht mit seinen 90 Metern Länge sogar im Guinness-Buch der Rekorde.

**Links:**
In den Nationalparks des Colorado-Plateaus zeigt sich die Natur mit einer archaischen Urgewalt, wie man sie nur noch in wenigen Gebieten der Erde findet. Die Tour durch dieses magische Land gilt als Klassiker unter den amerikanischen Urlaubsreisen.

Die kakteenartigen Joshua Trees sind mit den Yuccas verwandt. Ihren Namen haben sie von den Mormonen erhalten. Die abgewinkelten Äste der Agavengewächse erinnerten die Gläubigen an den Propheten Joshua, der ihnen den Weg ins Paradies wies.

Eine asphaltierte Straße führt durch dichte Bestände von Joshua Trees und Teddy Bear Chollas zu abgelegenen Campgrounds. Während des Abendessens gehen die Gedanken zu den Pionieren, die im heutigen Joshua Tree National Park einst mit ihren Planwagen kampierten.

Für den legendären Westernregisseur John Ford und
seinen Star John Wayne
wurde das Monument Valley
zur zweiten Heimat, für die
Navajo-Indianer, die dort seit
vier Jahrhunderten leben, ist
es der Mittelpunkt der Erde,
das „Land des schlafenden
Regenbogens".

Die Navajos bewachen ihr
Tal eifersüchtig. Ohne indianischen Führer darf man nur
bis zum „Ford's Point", dem
überhängenden Felsen, auf
dem John Ford seine Kamera
am liebsten aufstellte. Dahin-
ter führt der staubige Trail
in versteckte Täler.

# TOMBSTONE – WILDER WESTEN LIVE

Vier Männer in schwarzen Anzügen überqueren die Fourth Street von Tombstone. City Marshal Virgil Earp, seine Brüder Wyatt und Morgan, die er zu Gehilfen ernannt hat, und Doc Holliday, der verkrachte Zahnarzt und Revolvermann, eine doppelläufige Schrotflinte unter dem Rock. „Jetzt zeigen wir's ihnen!", ruft Virgil Earp.

So war es am 26. Oktober 1881, als die Earps und Doc Holliday auf einem Abstellplatz an der Fremont Street gegen Ike Clanton und seine Viehdiebe antraten und sie im legendären Kampf im O.K. Corral niederrangen, und so ist es heute noch, zumindest an den Wochenenden, wenn Stephen Keith den historischen Kampf auf der Allen Street und einer Freilichtbühne hinter dem tatsächlichen Schauplatz als „Tragedy at the O.K. Corral" aufleben lässt.

Stephen Keith, der Chef der Theatertruppe, ist Doc Holliday: „Ein sehr komplizierter Charakter, den man sehr schwer beschreiben kann. Für ihn waren die Earps eine Ersatzfamilie. Für sie ging er durchs Feuer." Mike Christie, der Wyatt Earp der Truppe, hat einige Jahre in Nürnberg verbracht und antwortet auf Deutsch: „Es macht großen Spaß, einen der bekanntesten Gunfighter des Westens zu spielen. Ich sehe ihm sogar ähnlich." Und Kenn Barrett alias Virgil Earp verrät: „Ich bin pensionierter Polizist. Ich habe mein ganzes Leben ein Abzeichen getragen." „A Tragedy at the O.K. Corral" gilt als authentischste Darbietung des Revolverkampfes.

Tombstone lebt heute noch vom legendären Ruhm der Gunfighter. Der Crystal Palace, in dem Virgil Earp ein Büro hatte, steht noch, und andere Gebäude wie der Oriental Saloon, das Bird Cage Theatre und das Zeitungsgebäude des „Tombstone Epitaph" wurden originalgetreu nachgebaut. Eine Postkutsche fährt über die Allen Street, die für Autos gesperrt und mit Sand zur Westernstraße gemacht

In Tombstone kann man den Wilden Westen hautnah erleben. „A Tragedy at the O.K. Corral" gilt als authentischste Darbietung des Revolverkampfes.

wurde, und versetzt die Passagiere ins letzte Jahrhundert. Überall in der Stadt erinnern historische Fotos und Hinweisschilder an die wilde Zeit, auf dem Abstellplatz des O.K. Corrals wurde der Kampf mit Metallfiguren nachgestellt. „The town too tough to die" steht auf den Ortsschildern von Tombstone, „die Stadt, die zu zäh zum Sterben war." Die Legende lebt, und Wyatt Earp und Doc Holliday kämpfen noch immer im O.K. Corral.

„Gunfight at the O.K. Corral" („Zwei rechnen ab"), einer der bekanntesten Filme über den Revolverkampf mit Burt Lancaster und Kirk Douglas, entstand allerdings nicht in Tombstone, sondern in Old Tucson. So heißt die Westernstadt vor den Toren des wirklichen Tucson. Eine lebendige Filmkulisse, die 1994 durch Brandstiftung vernichtet und leicht verändert wieder aufgebaut wurde. Western werden kaum noch gedreht, und die Stadt lebt vor allem von Touristen, die auf den Spuren von John Wayne in die Vergangenheit reisen wollen. Auf der Main Street, im Saloon und den zahlreichen Läden. Sogar ein Westernzug fährt um die Stadt.

Old Tucson wurde 1939 errichtet. Columbia Pictures brauchten eine möglichst originalgetreue Nachbildung des historischen Tucson für ihren Film „Arizona", der mit William Holden und Jean Arthur an den Originalschauplätzen gedreht wurde. 150 000 Dollar gaben die Produzenten für die Stadt aus, die nach Abschluss der Dreharbeiten stehen blieb und auch für andere Western wie „Winchester 73", „Rio Bravo" und „El Dorado" verwendet wurde.

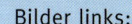

Bilder links:
Am frühen Nachmittag des 26. Oktobers 1881 traten die Earps und Doc Holliday gegen die Clantons an. Nur 30 Sekunden dauerte die Schießerei. Erst nach dem Kampf im O.K. Corral schafften es die Earps, den „Cowboys" endgültig das Handwerk zu legen.

Old Tucson ist eine lebendige Filmkulisse, die 1994 durch Brandstiftung vernichtet und leicht verändert wieder aufgebaut wurde. Western werden kaum noch gedreht. Die Stadt lebt vor allem von Touristen, die den Wilden Westen „live" erleben wollen.

Vergessen wird oft, dass Revolverduelle à la Hollywood im Wilden Westen höchst selten waren. Dazu waren die Schusswaffen der damaligen Zeit viel zu ungenau. Bei den wenigen Schießereien standen die Kontrahenten meist nur wenige Meter auseinander.

Ganz links:
Tombstone lebt heute noch vom legendären Ruhm der Gunfighter. Der Crystal Palace, in dem Virgil Earp ein Büro hatte, steht noch, andere Gebäude wie das Bird Cage Theatre wurden originalgetreu nachgebaut.

Links:
Im Freizeitpark „Old Tucson" lassen Stuntmen den Wilden Westen aufleben.

Wie Orgelpfeifen erheben sich die roten Felstürme im Bryce Canyon National Park in Utah. Die Kalksteinformationen haben fantasievolle Namen wie „Thor's Hammer" und „Gulliver's Castle". Die Indianer nannten den Canyon „Rote Felsen, die wie Männer in einer schüsselförmigen Schlucht stehen".

Der spektakulärste Teil von Utah liegt auf dem Colorado-Plateau, in der farbenprächtigen Felsenwelt im Süden des Staates. Hier liegen fünf der attraktivsten Nationalparks des amerikanischen Westens: Zion, Bryce Canyon, Capitol Reef, Canyonlands und Arches.

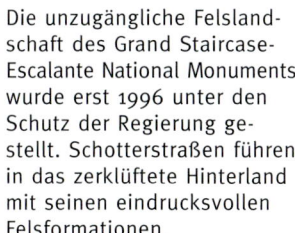

Die unzugängliche Felslandschaft des Grand Staircase-
Escalante National Monuments
wurde erst 1996 unter den
Schutz der Regierung ge-
stellt. Schotterstraßen führen
in das zerklüftete Hinterland
mit seinen eindrucksvollen
Felsformationen.

Der Zion National Park liegt
im südlichen Utah und faszi-
niert mit hohen Plateaus,
tiefen Schluchten und klobigen Tafelbergen. Am Virgin
River, einem Nebenfluss des
Colorado River, führt ein
asphaltierter Scenic Drive
durch den Canyon, ein
Wanderweg führt zu den
Emerald Pools inmitten
schattiger Kiefernwälder.

Auf dem Campground hinter dem Luxushotel „Circus Circus" in Las Vegas ist man mitten im Geschehen. Zum Trubel am Strip sind es nur ein paar Schritte. Selbst in den weit verzweigten Katakomben des Hotels wartet ein kleiner Vergnügungspark.

Seit den 1940er-Jahren übt die Glitzerstadt in der Wüste von Nevada eine beinahe magische Anziehungskraft aus. Am Strip wetteifern Hotels und Casinos um Besucher, leuchtet ein Palast neben dem anderen, klotzt man mit Ideen, die aus Vergnügungsparks wie Disneyland entlehnt wurden.

Das Leben in Las Vegas beginnt abends, wenn die bunten Neonlichter am Strip flackern, und die spielsüchtigen Besucher in Tourbussen zu den Casinos fahren. Erst in letzter Zeit zielt man auf Familien ab, zum Beispiel im Vergnügungs- und Shopping-Paradies „Fremont Street".

Wie eine zerklüftete Mauer ziehen sich die Rocky Mountains von Alaska herunter durch die US-Bundesstaaten Montana, Wyoming, Idaho und Colorado. Abseits der Highways erlebt man die Berge als riesiges Freizeitparadies mit verschneiten Berggipfeln und verschwiegenen Seen.

Östlich von Norris Junction liegt der Grand Canyon of the Yellowstone. Zerklüftete Felsen ragen zu beiden Seiten des Yellowstone River empor. Das Wasser der Upper Falls stürzt dreißig Meter tief von den dunklen Lavafelsen, die Lower Falls (unser Foto) fallen hundert Meter in den schäumenden Fluss.

**Rechte Seite:**
Über dreihundert heiße Quellen gibt es im Yellowstone National Park. Am bekanntesten wurde „Old Faithful", der Verlässliche, weil seine eindrucksvolle Fontäne in regelmäßigen Abständen aus der Erde schießt. Wie im Theater sitzen die Besucher um den Geysir herum und warten auf das Schauspiel.

Ein Netz von markierten und befestigten Wanderwegen zieht sich durch den Grand Teton National Park. Über die Gros Ventre Road gelangt man in die malerischen Red Hills. Offiziell eröffnet wurde der Nationalpark bereits 1929.

Die Gipfel im Grand Teton National Park sind bis zu viertausend Meter hoch, wirken aber wegen ihrer steilen Hänge wesentlich höher. Am eindrucksvollsten präsentieren sich der Grand Teton und der Mount Moran.

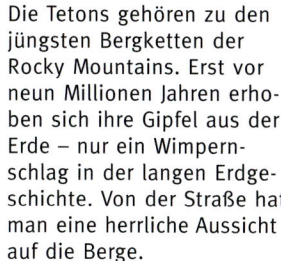

Die Tetons gehören zu den jüngsten Bergketten der Rocky Mountains. Erst vor neun Millionen Jahren erhoben sich ihre Gipfel aus der Erde – nur ein Wimpernschlag in der langen Erdgeschichte. Von der Straße hat man eine herrliche Aussicht auf die Berge.

Im Glacier National Park wälzen sich gewaltige Gletscher von den Bergen. Die „Going-to-the-Sun Road", eine der schönsten Straßen der Welt, führt zur kontinentalen Wasserscheide und zum Logan Pass empor, ist aber nur während des Hochsommers geöffnet.

Virginia City im südwestlichen Montana lebt von seiner bewegten Vergangenheit. Noch immer stößt man auf die Spuren eines Booms, der 1863 durch die Goldfunde in der Alder Gulch östlich des heutigen Dillon ausgelöst wurde.

In Deadwood lebt der Wilde Westen, hält Wild Bill Hickock immer noch Asse und Achten in der Hand, wenn er (mit Platzpatronen) hinterrücks erschossen wird. Jay T. Rockwell, ein bekannter Stuntman aus Hollywood, spielt den legendären Gesetzeshüter.

Wohlverdiente Pause auf dem abgelegenen Crystal Creek Campground an der Gros Ventre Road im Teton National Forest. Allein die Moskitos können einem in dieser ungestümen Natur die Laune verderben. Das Wohnmobil bietet Zuflucht.

**Ganz links:**
Beim Barrel Racing, einem Wettbewerb für Frauen und Mädchen, gilt es, so schnell wie möglich um drei wie ein Kleeblatt angeordnete Tonnen zu reiten. Auf engstem Raum ziehen die wagemutigen Reiterinnen ihre Pferde um die Tonnen herum.

**Links oben:**
Craig Miller und Travis Langen sind Bullfighters. In der Rodeo-Arena müssen sie den bockenden Bullen ablenken, wenn er einen Reiter abgeworfen hat. Kein Kinderspiel bei einem tonnenschweren Monstrum, das mit gesenkten Hörnern und schlagenden Hufen durch die Arena tobt.

**Links unten:**
Das East Helena Rodeo gehört zu den besten im amerikanischen Nordwesten. Keine Superstars, kaum Fernsehen und Presse, aber professionell genug, und ein paar tausend Dollar können die Sieger auch einstreichen. Ungefähr vierhundert Cowboys nehmen an diesem Rodeo teil.

45

# MOUNTAIN MAN REENACTOR – DER MANN AUS DEN BERGEN

Steve Banks wartet an einem ehemaligen Lagerplatz der Crow-Indianer auf uns. Er trägt die originalgetreue Kleidung eines Mountain Man – den roten Mantel aus dem Trading Post, die ledernen Hosen, den Schlapphut – und begrüßt uns mit dem festen Handschlag eines Mannes, der einen Großteil seines Lebens in der Wildnis verbracht hat. Der ehemalige Inhaber eines Waffengeschäftes schätzt die Annehmlichkeiten der Zivilisation, doch in seiner Freizeit zieht er seit vierzig Jahren als Mountain Man durch die Berge, lebt er das Leben der tollkühnen Fallensteller im Westen.

Rechts:
**Steve Banks lebt für sein Hobby. Als „Mountain Man" lässt er die Zeit des frühen Wilden Westens bei „Rendezvous" mit anderen Fallenstellern und auf seinen Vortragsreisen in Schulen aufleben. Seine Ausrüstung hat er selbst angefertigt.**

## LEBEN IN DER WILDNIS

Zu Beginn des 19. Jahrhunderts, noch bevor die ersten Siedler über den Oregon Trail nach Westen zogen, kamen die ersten Mountain Men in die Bergtäler der Rocky Mountains. Tapfere Burschen, die vor keiner Gefahr davonliefen, gegen wilde Tiere und feindliche Indianer kämpften und ihre Biberfallen in Gebieten auslegten, die noch kein Weißer betreten hatte. Mit den Biberfellen wurden die Zylinder der Gentlemen bespannt. „Der amerikanische Trapper ist auf sich allein gestellt", schrieb ein Zeitgenosse. „Unvergleichlich ist seine Eignung für das Leben in der Wildnis. Er kennt jeden markanten Punkt in der Landschaft, findet sich auf der einförmigsten Ebene oder den verschlungensten Bergpfaden zurecht. Keine Gefahr und kein Hindernis lassen ihn erbleichen. Und es ist unter seiner Würde, sich über Entbehrungen zu beklagen."

Steve Banks lebt außerhalb von Dubois, Wyoming, einer kleinen Stadt in den Ausläufern der Wind River Mountains, nur wenige Meilen von den Tälern entfernt, in denen sich die Mountain Men zum „Rendezvous" mit den Abgesandten der Pelzhandelsgesellschaften aus St. Louis trafen. Die Treffen entwickelten sich zu bunten Jahrmärkten mit Pferderennen, Wettschießen und wilden Saufgelagen. „Ich bewundere die Mountain Men", gesteht Steve. „Sie waren für alles, was sie taten, selbst verantwortlich und lebten in der ständigen Gefahr, von Indianern oder einem Grizzly angegriffen zu werden. Hier gibt es heute noch Grizzlys. Ich hab immer meine 357er Magnum dabei. Einmal kam ein Grizzly bis auf fünfzig Meter an mich ran, zum Glück überlegte er sich's anders."

Der Mountain Man nimmt seine Trade Rifle von der Schulter und betrachtet sie stolz. „Die habe ich selbst nach alten Plänen gebaut. Und ihr werdet lachen, sie schießt wirklich." Zum Beweis lädt er sie mit Schwarzpulver, die Kugel lässt er weg, um niemand zu verletzen. Mit einem

**Ganz links:**
In den Tälern der Wind River Range hat sich die Natur kaum verändert. Dort begegnet man immer noch Grizzlys und Wölfen. „Der größte Feind des Mountain Man war die Natur", sagt Steve, „und sein bester Freund, denn sie gab ihm alles, was er zum Leben brauchte."

**Links:**
Tom Lucas gehört zu einer der zahlreichen Reenactment-Gruppen, die jährliche Rendezvous mit Mountain Men und Indianern veranstalten.

**Ganz links:**
Steve Banks demonstriert, wie umständlich das Schießen mit den Hinterladern war. Nur wer es schaffte, blitzschnell die Kugel in den Lauf zu schieben und Pulver auf die Pfanne zu geben, hatte eine Chance gegen seine Feinde.

**Links:**
In den Flusstälern legten die Mountain Men ihre Biberfallen aus.

ohrenbetäubenden Krachen entlädt sich der Lauf. „Ein geübter Mountain Man lud seine Flinte in einer halben Minute nach." Die Demonstration kommt bei seinen Vorträgen in Schulen und auf Guest Ranches am besten an, besonders bei den jungen Zuhörern. „Der größte Feind der Mountain Men?", wiederholt er die Frage, die ihm am meisten gestellt wird. „Nein, nicht die Blackfeet. Die Natur. Wenn du keinen Plan hattest, wie du sie besiegen konntest, machte sie einen für dich, und dann hattest du nichts zu lachen, das ist mal sicher."

1840 fand das letzte Rendezvous in den Rocky Mountains statt. Die Zylinder der vornehmen Gentlemen wurden jetzt mit chinesischer Seide bespannt, und die Nachfrage nach Biberpelzen sank rapide. Die große Zeit der Mountain Men war zu Ende. „Ich sorge dafür, dass sie nicht in Vergessenheit gerät", verspricht Steve.

Auf den Rendezvous, meist in einem Tal der Wind River Range, trafen sich die Mountain Men mit den Abgesandten der Pelzhandelsgesellschaften aus St. Louis. Die Treffen entwickelten sich zu bunten Jahrmärkten mit Pferderennen, Wettschießen und wilden Saufgelagen.

1840 fand das letzte Rendezvous in den Rocky Mountains statt. Die Zylinder der vornehmen Herren im Osten wurden jetzt mit chinesischer Seide bespannt, und die Nachfrage nach Biberpelzen sank rapide. Der Weg war frei für Siedler und Farmer.

# AUF MEINER RANCH BIN ICH KÖNIG – GUEST RANCHES WYOMING

*Über den fernen Hügeln geht die Sonne auf. Wir lehnen am Koppelzaun und genießen die morgendliche Stille. Leder knarrt, als Alec seinem Braunen den Sattel auf den Rücken wuchtet und den Gästen zeigt, wie man ein Pferd sattelt. Judy und Shannon, zwei junge Cowgirls, sitzen als erste im Sattel. Seit ihrer Kindheit haben sie mit Pferden zu tun. Die anderen Gäste tun sich schwerer, haben erst wenige Reitstunden hinter sich. Im Schongang geht es aus der Koppel. Wir reiten einen Abhang hinunter und lassen die Pferde seitwärts gehen, um nicht ins Rutschen zu kommen. Durch ein weites Tal mit rotbraunen Felswänden geht es zum Snake River hinab. Vor uns ragen die schneebedeckten Gipfel der Tetons empor. Selten haben wir uns so frei und ungebunden gefühlt.*

Einmal wie ein Cowboy leben und frei und ungebunden über die weite Prärie reiten, auf einer Dude oder Guest Ranch wird der Traum wahr. „Das mit den Guest Ranches ging in den 1940er-Jahren los", berichtet Doug Hare, der Manager der Red Rock Ranch östlich vom Grand Teton National Park. „Damals hießen sie noch Dude Ranches. Ein Dude war ein Stadtfrack, ein grüner Junge aus dem Osten, der seine Verwandten im Westen besuchte und sich auf deren Ranch einquartierte. Nach einer Weile merkten die Rancher, dass sich damit auch Geld verdienen ließ. Sie priesen ihre Ranches als Feriendomizile an, und immer mehr Leute kamen und machten Urlaub im Wilden Westen. Zu Hause erzählten sie von schießenden Cowboys und wilden Indianern. Als die Nachfrage zu groß für die Rancher wurde, baute man Ranches, die nur für Urlauber bestimmt waren, die sogenannten Dude Ranches. Weil ‚Dude' auch ‚Dorftrottel' bedeuten kann, heißen die meisten Ferienranches heute ‚Guest Ranches', aber ich mag ‚Dude Ranch' lieber, das klingt irgendwie echter und urwüchsiger."

## LAGERFEUERROMANTIK

Die Red Rock Ranch wurde in den 1950er-Jahren gegründet und war ursprünglich eine Working Ranch. Erst 1974 ging man dazu über, Gäste aufzunehmen. Doug Hare, der ursprünglich aus Connecticut kommt und erst in Wyoming zum Cowboy wurde, erklärt: „Auch an eine Dude Ranch stellen die Gäste heute große Ansprüche. Sie wollen reiten, sich beim Rindertreiben versuchen, was von den Bergen sehen, vielleicht auch angeln, in den Pool springen und einige Abende am Lagerfeuer verbringen. Auf unserer Ranch können sie alles haben, sogar ein Vier-Gänge-Menü." Sechs Wranglers kümmern sich um die vierundsiebzig Pferde der Ranch, meist Zwei- bis Dreijährige, die am leich-

*Inmitten der einsamen Bergwildnis können die Gäste der Red Rock Ranch reiten, sich beim Rindertreiben versuchen, in den Bergen wandern und gemütliche Abende am Lagerfeuer verbringen. Sogar ein schmackhaftes Vier-Gänge-Menü wird ihnen geboten.*

testen zu reiten sind. „Sie kennen sich in der Gegend aus und wissen am besten, wo man Elche, Hirsche und Adler beobachten kann. Head Wrangler Alec: „Auch als absoluter Laie sitzt du bei uns am ersten Tag im Sattel."

Ausschließlich Erwachsene begrüßen Debbie Hansen und Keith Dagel auf ihrer „Flying A Ranch" bei Bondurant, Wyoming. Eine gute Stunde dauert die Fahrt vom Highway zur Ranch, einem einsam gelegenen und geschmackvoll eingerichteten Anwesen inmitten einer urwüchsigen Natur. Debbie reitet seit ihrer Kindheit und hat erstklassige Quarter Horses auf ihrer Koppel stehen. Nur vierzehn Gäste haben Platz in den modernen Blockhäusern, die Ausritte führen auf den Spuren der Mountain Men in die Berge. Keith kennt die besten Pfade und – so betont er – die besten Angelplätze: „Auf unserem Land gibt es einen Fluss und drei Seen."

**Ganz links:**
**Die Red Rock Ranch gehört zu den besten Dude Ranches des amerikanischen Westens. Sie wurde in den 1950er-Jahren gegründet und war ursprünglich eine Working Ranch. Erst 1974 ging man dazu über, Gäste aufzunehmen.**

**Links:**
**Die Flying A Ranch liegt abseits des Highways bei Bondurant inmitten einer urwüchsigen Natur. Keith Dagel lebt seit vielen Jahren hier und kennt die Bergtäler der Umgebung wie seine Westentasche.**

**Debbie Hansen, die Besitzerin der exklusiven Flying A Ranch, hat erstklassige Quarter Horses auf ihrer Koppel stehen.**

**Beim Cowboy Breakfast der Red Rock Ranch kommen große und kleine Cowboys (und Cowgirls) auf ihre Kosten. Besonders beliebt sind die saftigen Pfannkuchen und der starke Cowboy-Kaffee. Frisch gestärkt reitet es sich noch mal so gut.**

**Ganz links:**
**Die Main Lodge der Red Rock Ranch lockt mit einem behaglichen Kamin. In den gemütlichen Sesseln kann man den Abend mit einem Buch oder einem Gespräch mit dem Rancher oder den Cowboys ausklingen lassen.**

**Links:**
**Hier arbeiten keine Stadtcowboys, das sieht man schon an ihren abgenutzten Stiefeln. Sie sind den Umgang mit Pferden und Rindern gewohnt und könnten es auch mit den Cowboys des 19. Jahrhunderts aufnehmen.**

Die Golden Gate Bridge wurde 1937, nach vierjähriger Bauzeit, für den Verkehr freigegeben und verbindet San Francisco mit der Marin Peninsula. Damals war sie mit 2,8 Kilometern die längste Hängebrücke der Welt.

Die Stadt am goldenen Tor gilt als Traumziel der meisten Amerika-Urlauber. „The City", das „Paris des amerikanischen Westens", das „Tor zum Orient", „Baghdad-by-the-Bay", die „schönste Stadt der USA" – San Francisco hat viele Beinamen und wird allen gerecht.

**Oben:**
Am Alamo Square mit seinen bunten viktorianischen Häusern hat man einen der schönsten Blicke auf San Francisco. Die Stadt wurde 1776 von den Spaniern gegründet, hieß bis 1847 Yerba Buena und erstreckt sich über sieben Hügel.

**Links:**
Die Lombard Street reicht vom Presidio bis zum Telegraph Hill. Der Abschnitt auf dem Russion Hill zwischen Hyde Street und Leavenworth Street wurde als kurvenreichste Straße der Welt bekannt und ist auch im Buch der Rekorde verzeichnet.

Der Highway One zwischen San Francisco und Los Angeles gilt als Traumstraße, besonders auf der romantischen Bixby Bridge und an der Big Sur, dem mystischen Paradies an der Steilküste. Henry Miller nannte Big Sur „das Gesicht der Erde, so wie der liebe Gott es haben wollte".

Die Reichen und Schönen wohnen am 17-Mile-Drive, dem exklusiven Teilstück des Highway One, wenige Meilen südlich von Monterey. Cypress Point, eine einsame Zypresse auf einem Felsvorsprung über dem Meer, gehört zu den meistfotografierten Aussichtspunkten.

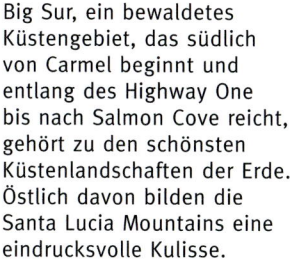

Big Sur, ein bewaldetes Küstengebiet, das südlich von Carmel beginnt und entlang des Highway One bis nach Salmon Cove reicht, gehört zu den schönsten Küstenlandschaften der Erde. Östlich davon bilden die Santa Lucia Mountains eine eindrucksvolle Kulisse.

Carmel gehört zu den beliebtesten Küstenorten am Highway One. Die im maurischen Stil erbaute Mission liegt außerhalb der Stadt und wurde originalgetreu restauriert. Pater Serra, einer der bekanntesten Missionare, liegt auf dem Gelände begraben.

Death Valley National Park, das berühmt-berüchtigte Tal des Todes, liegt im mittleren Südosten von Kalifornien an der Grenze nach Nevada und umfasst die niederschlagsarmen Wüstentäler zwischen der Panamint und der Amargosa Range.

Besucher sollten das Death Valley während der Sommermonate meiden, aber auch sonst nur mit ausreichendem Wasservorrat in das Gebiet fahren. Sonst geht es ihnen wie den ersten Pionieren des 19. Jahrhunderts, denen das Wüstental wie ein Vorraum der Hölle erschien.

Erst als Borax im Death Valley gefunden wurde, erschloss man das Tal, und zwanzigköpfige Maultiergespanne zogen schwer beladene Wagen zum Rand der Wüste. Dort warteten Güterzüge auf das Erz. Mit denselben Wagen wurde das Silber aus Panamint im Westen des Tals weggeschafft.

Die Mojave-Wüste erstreckt sich südlich des Death Valley und jenseits der Interstate 15 an der Grenze nach Nevada und Arizona. „Tierra del Muertos" („Land der Toten") hat ein spanischer Eroberer die trostlose Gegend genannt.

„Unzählige Seen und Wasserfälle, seidenweiche Wiesen-
teppiche, erhabene Wälder,
gigantische Granitkuppeln,
von der Eiszeit geformte
Flusstäler, einsame Wege und
Berge, deren schneebedeckte
Gipfel über viertausend
Meter zum Himmel aufragen",
schrieb der Naturschützer
John Muir über Yosemite.

Der Yosemite National Park
ist ein Naturparadies mit grünen Tälern, dichten Wäldern,
mächtigen Wasserfällen und
riesigen Felsen. Der Merced
River hat sich tief in die
urwüchsige Landschaft
gegraben und ein lang
gestrecktes Tal geformt.

Vom tausend Meter hohen Glacier Point hat man die beste Aussicht auf die zerklüfteten Täler des Yosemite National Parks. Vor der atemberaubenden Kulisse der High Sierra liegt ein Paradies, in dem man abseits der befahrenen Wege auch allein sein kann.

Im Sommer ist der Yosemite National Park so überlaufen, dass man ihn zeitweise wegen Überfüllung schließen musste. Es empfiehlt sich, ins Hinterland zu wandern, wo man die Natur auch während der Hochsaison noch ungestört genießen kann.

# INDIANERLAND IN MONTANA UND SOUTH DAKOTA

Auf den Spuren der Indianer durch South Dakota und Montana. Von Billings zur Crow Fair, dem größten Powwow der Welt, zum Stammestreffen der Cheyenne bei Lame Deer und zu „Custer's Last Stand" nach Hardin.

Auf dem Bear Butte beteten die Häuptlinge vor der Schlacht am Little Bighorn. Im nahen Sturgis, South Dakota, starten nicht nur Harley-Fahrer zu einer großen Rundfahrt durch die Black Hills. Die Heiligen Berge der Sioux sind ein Naturparadies.

In Deadwood lebt der Wilde Westen, hält Wild Bill Hickock immer noch Asse und Achten in der Hand, wenn er (mit Platzpatronen) hinterrücks erschossen wird. Im Journey Museum in Rapid City wird man auf fantasievolle Weise über die Geschichte des Westens und die Kultur der Indianer informiert.

Wir kehren auf Nebenstraßen in die Black Hills zurück, fahren über die Wildlife Loop Road durch den Custer State Park und das endlose Grasland, das wie ein Ozean im frischen Wind wogt. Über 1500 Büffel haben in dem Naturschutzgebiet eine Heimat gefunden. Südlich von Rapid City warten Mount Rushmore mit den aus dem Fels gemeißelten Präsidentenköpfen und das Crazy Horse Memorial, die gigantische Statue des Häuptlings, die ebenfalls aus einem Granitfelsen gesprengt und gemeißelt wird.

Abseits der Interstates in Montana, Wyoming und den Dakotas haben sich die ehemaligen Jagdgründe der Lakota und Cheyenne nur wenig verändert. Stephen Yellowhawk tanzt zu Ehren seiner Vorfahren und versucht Kraft für sein eigenes Leben zu schöpfen.

Die mondähnliche Felslandschaft des Badlands National
Parks mit ihren steinernen
Türmen und Tafelbergen ragt
aus der Hochprärie im südwestlichen South Dakota
empor. In dem unzugäng-
lichen Gebiet versteckten
sich die letzten Sioux vor
den Weißen.

Tipi Camp von Charly Juchler,
einem Schweizer, der interes-
sierte Touristen ins Land der
Lakota führt und ihnen die
Begegnung mit indianischen
Künstlern ermöglicht. Er lebt
seit vielen Jahren nahe der
Pine Ridge Reservation in
South Dakota.

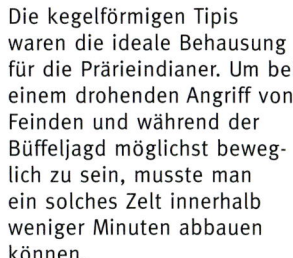

Die kegelförmigen Tipis waren die ideale Behausung für die Prärieindianer. Um bei einem drohenden Angriff von Feinden und während der Büffeljagd möglichst beweglich zu sein, musste man ein solches Zelt innerhalb weniger Minuten abbauen können.

Nach dem Glauben der Lakota-Indianer liegt in den Black Hills des westlichen South Dakota der Mittelpunkt der Erde, die Wiege der Sieben Ratsfeuer, die Quelle allen Seins. Wie eine mystische Insel ragen die Berge aus dem Land empor.

Nur während der Powwows trägt die Lakota-Indianerin Terra Houska noch ihre traditionelle Tracht. Sie will den Kontakt zu ihren Vorfahren nicht abreißen lassen und dokumentiert ihre Verbundenheit mit der Vergangenheit auf diese Weise.

Im Custer State Park weiden die Pronghorn-Antilopen noch ungestört. Auch über tausend Bisons grasen in dem Naturschutzgebiet. Beim großen Buffalo Roundup im Oktober kann man beobachten, wie Wranglers die riesige Herde auf Pferden und in Jeeps zusammentreiben.

Die Büffelkultur der Prärieindianer, von den weißen
Eindringlingen für immer
zerstört. „Der Weiße Mann
hat nur eines seiner vielen
Versprechen gehalten", sagte
der legendäre Rote Wolke
einmal, „er hat versprochen,
unser Land zu stehlen, und
er hat es gestohlen!"

Das Reservat der Crow-Indianer
liegt am Bighorn River, der
gestaut wurde und sich in
seinem weiteren Verlauf deshalb in einen kristallklaren
Forellenfluss verwandelte.
Ungefähr 7000 Menschen
leben in dem Schutzgebiet,
mehr als 80 Prozent der
Bevölkerung beherrschen die
traditionelle Crow-Sprache.

# SCHLACHT AM LITTLE BIGHORN

Rechts:
**Jedes Jahr im Sommer findet die legendäre Schlacht am Little Bighorn noch einmal statt, nur wenige Meilen vom tatsächlichen Schlachtfeld entfernt bei Hardin (Montana). Indianer aus den nahen Reservaten „kämpfen" gegen Laiendarsteller in blauer Uniform.**

*Von allen Seiten kommen die Indianer. Über die nahen Hügel sprengen sie auf ihren wendigen Kriegsponys in die Senke hinab. Unter der Führung von Sitting Bull und Crazy Horse, dem tollkühnen Kriegshäuptling der Lakota, lassen sie Custer und seinen Männern keine Chance. Der „General" mit den langen blonden Haaren und über zweihundert Männer sterben den Heldentod, und Crazy Horse schwenkt siegestrunken die amerikanische Flagge. Unter den dramatischen Klängen eines Orchesters reitet er davon.*

*Auf dem Schlachtfeld in Montana unterlagen Lieutenant Colonel George Armstrong Custer und sein 7. Kavallerie-Regiment den vereinigten Sioux, Cheyenne und Arapaho. Das war am 25. Juni 1876. Tausende von Kriegern empfingen den eitlen Offizier, der seine Streitmacht geteilt hatte und zu spät erkannte, dass er einer riesigen Übermacht von Indianern gegenüberstand. Aufgeputscht durch den Vertragsbruch der weißen Goldgräber, die mit Hacke und Schaufel in die heiligen Black Hills der Lakota zogen und die Mutter Erde nach dem gelben Metall durchwühlten, und voller Zorn auf „Gelbhaar", der unschuldige Frauen und Kinder am Washita massakriert hatte, stürzten sich die Indianer auf die verhassten Blauröcke. „Dies ist ein guter Tag zum Sterben!", soll Crazy Horse gerufen haben, als er mit seinen Kriegern in die Schlacht ritt.*

## GOLD IN DEN BLACK HILLS

*Die Schlacht der Neunzigerjahre findet bei Hardin im östlichen Montana statt, nur zehn Meilen vom historischen Schlachtfeld entfernt. Indianer aus den nahen Reservaten, vor allem Cheyenne und Crow, steigen in (mehr oder weniger) authentischen Kostümen auf ihre Pferde und ziehen noch einmal in den Krieg. Auf der anderen Seite stehen weiße Laiendarsteller in der blauen Uniform der US-Kavallerie. Weiße Forscher, wagemutige Trapper und ein Missionar haben ihren Part in dem patriotischen Spiel, bevor ein Wagenzug von Indianern angegriffen wird, und sich die Häuptlinge zu einem Palaver mit den Offizieren und Politikern treffen. Ein dauerhafter Frieden wird vereinbart und von den Weißen gebrochen, als Gold in den Black Hills gefunden wird, und immer mehr Siedler in die Jagdgründe der Indianer strömen. Lieutenant Colonel Custer wird beauftragt, die Indianer zu unterwerfen.*

*Die Szenen bleiben nahe an der historischen Wahrheit und sind abwechslungsreich und spannend inszeniert. Nur der heldenhafte Auftritt von Custer und die abschließende Nationalhymne passen nicht ins Bild. Aber Amerikaner mögen es patriotisch, und ein bisschen Kitsch darf sein. Die Zuschauer auf den Tribünen applaudieren begeistert, und einige bleiben sogar, um sich die nächste Vorstellung anzusehen. Die anderen strömen zu den Imbissbuden, essen „Buffalo Burgers" und löschen ihren Durst mit Limonade.*

Ganz links:
**Am 25. Juni 1876 fielen Lieutenant Colonel George Armstrong Custer und mehr als 260 Soldaten und Bedienstete seines 7. Kavallerie-Regiments auf dem Schlachtfeld in Montana. Sie ritten in eine Falle der vereinigten Sioux, Cheyenne und Arapaho.**

Links:
**Nicht einmal die Warnungen seiner indianischen Scouts, die von einem riesigen Indianerlager gesprochen hatten, konnten Custer davon abhalten, gegen die Sioux und Cheyenne zu reiten.**

Ganz links:
**Die nachgestellten Szenen der Schlacht am Little Bighorn bleiben nahe an der historischen Wahrheit und sind abwechslungsreich und spannend inszeniert.**

Links:
**„Dies ist ein guter Tag zum Kämpfen, dies ist ein guter Tag zum Sterben!", soll Crazy Horse gerufen haben, als er auf sein Kriegspony sprang und beobachtete, wie Custer mit offenen Augen in den Tod ritt.**

Ganz links:
**Tausende von Kriegern empfingen den eitlen Offizier, der seine Streitmacht geteilt hatte, und zu spät erkannte, dass er einer riesigen Übermacht an Indianern gegenüberstand. Die Krieger überrollten seine Einheit und löschten sie aus.**

Links:
**„Custer Battlefield" hieß das Schlachtfeld im offiziellen Sprachgebrauch noch bis vor einigen Jahren. Erst als der Protest der Indianer immer lauter wurde, wurde der Name in „Little Bighorn Battlefield" geändert.**

*Es ist heiß auf dem Schlachtfeld, beinahe so heiß wie 1876.*

*Leland Rock spielt den legendären Crazy Horse – ausgerechnet ein Crow-Indianer, früher die Erzfeinde der Lakota. Bereits als Vierzehnjähriger in dem Dustin-Hoffman-Film „Little Big Man" durfte er mitspielen. „Ich lebe in der Tradition meines tapferen Volkes", berichtet er uns, „jedes meiner Kinder trägt einen Indianernamen." Joseph Medicine Crow, der über neunzigjährige Stammeshistoriker der Crow und Autor des Spektakels, pflichtet ihm bei: „Wir dürfen unsere Vergangenheit nicht vergessen, sonst stirbt unser Volk."*

Links:
**Bereits im Spätherbst 1876 wurde aus dem Sieg eine Niederlage. Die Büffel blieben aus, und die Armee hatte leichtes Spiel, die Indianer in Reservate zu treiben. Lediglich Sitting Bull, der mit seinen Leuten nach Kanada floh, und Crazy Horse leisteten erfolgreichen Widerstand – bis auch sie aufgeben mussten.**

Der Harney Peak Trail führt durch den Black Hills National Forest zum Harney Peak, dem mit 2208 Metern höchsten Berg östlich der Rocky Mountains. Auf diesem heiligen Berg hatte der legendäre Lakota-Schamane Black Elk seine Vision („Black Elk Speaks").

64 Millionen Jahre brauchte der Bighorn River, um die gleichnamige Schlucht in Montana aus dem Kalkstein zu graben. Bis zu 300 Meter ragen die steilen Felswände über dem See empor. Vom Devil's Canyon Overlook hat man einen guten Ausblick auf die Schlucht.

Der Mount Rushmore ragt aus den Black Hills in South Dakota empor. Von 1927 bis 1941 hämmerte und sprengte der Bildhauer Gutzon Borglum die monumentalen Köpfe der Präsidenten George Washington, Thomas Jefferson, Theodore Roosevelt und Abraham Lincoln aus dem Granitberg.

Auf dem Horseshoe Canyon Campground in Montana kampiert man inmitten der einstigen Jagdgründe der Lakota und Cheyenne. Im nahen Bighorn Canyon trifft man Wildpferde und Bighorn-Schafe, zahlreiche Wanderwege führen in die Wildnis der Bighorn Canyon National Recreation Area.

Powwows sind farbenprächtige Stammestreffen, zu dem Indianer aus den ganzen USA eingeladen sind. Die Feste gingen aus den religiösen Zeremonien einzelner Stämme hervor und entwickelten sich zu einer Mischung aus Tanzwettbewerb, Familientreffen und heiterem Jahrmarkt.

Jedes Powwow beginnt mit dem Grand Entry. Zum rhythmischen Klang der Trommeln kündigt der „Master of Ceremonies" den Einzug aller Tänzer und Tänzerinnen an. Farbenprächtige Federn schmücken ihre Kostüme mit traditionellen und fantasievollen Mustern.

Die Bedeutung der Tänze hat sich gewandelt, passt sich den veränderten Gegebenheiten an, aber selbst in den modernen Tänzen schwingt die Ehrfurcht vor dem Glauben und der Kultur der Vorfahren mit. Beim Powwow verdrängen einige Indianer ihre eher düstere Gegenwart mit Alkohol, Drogen und Arbeitslosigkeit.

Jim Yellowhawk wurde in Rapid City geboren und ging in Pierre und Eagle Butte zur Schule. Am Marion College in Indiana studierte er moderne Kunst. Auch er vermischt traditionelle und moderne Muster, ohne dabei seine indianischen Wurzeln zu vergessen.

# BEGEGNUNGEN MIT INDIANERN

*Eine Lehrstelle an einer amerikanischen Universität und traditionelles Stammesdenken schließen einander nicht aus. Bestes Beispiel: der Minnicoujou-Lakota-Indianer Donovin Sprague. Er lehrt Geschichte an der Black Hills State University und ist tief verwurzelt in der Tradition seiner stolzen Vorfahren. Sein Ur-Ur-Großvater Hump kämpfte an der Seite von Crazy Horse in der Schlacht am Little Bighorn. „Beide Krieger waren Freunde", verrät er mir bei einem Kaffee in Rapid City, „gute Freunde, die füreinander gestorben wären. Sie waren bescheidene Krieger, trugen nie mehr als zwei Federn im Haar." Ihren Nachfahren geht es schlecht. „Die Ziebach und Dewey Counties in der Cheyenne River Reservation sind die ärmsten Bezirke der USA, über die Hälfte der Bewohner sind arbeitslos. Wir müssen dringend etwas tun. Ich setze mich seit Jahren für ein Kulturzentrum in den Black Hills ein. Nur wenn mein Volk an der Tradition festhält, haben wir noch eine Zukunft."*

*Anna Shield, eine junge Oglala-Lakota, treffen wir auf dem Northern Cheyenne Powwow in Lame Deer. Sie wuchs in Pine Ridge auf. „Im Reservat ist es schwer, einen Job zu finden", klagt sie, „und um nach draußen zu gehen, fehlt vielen der Mut. Ich arbeite am Lakota College." Über das Zusammenleben mit den Weißen sagt sie: „Es gibt immer noch Vorurteile, sogar in Rapid City. Wenn dein Nummernschild mit 65 beginnt – daran erkennt man einen Wagen aus Pine Ridge – hält man dich auf jeden Fall an."*

## LEBENDIGE KULTUR

*Helena Rosehall, eine Shoshone-Bannock, lebt im Reservat in Idaho. Sie tanzt auf vielen Powwows: „Indem wir tanzen, halten wir unsere Tradition am Leben. Ich bin stolz, Indianerin zu sein, und mein Herz ist traurig, wenn ich daran denke, was Alkohol und Drogen vielen unserer jungen Leute angetan haben. Wir müssen stark sein, und dazu gehört auch, dass wir unsere Kultur bewahren. Ich tanze auch für meine Schwester, die mit siebzehn bei einem Autounfall starb. Ich setze mich für eine bessere Zukunft ein."*

*Sonja Holy Eagle, eine hübsche Frau mit klaren Augen und herzlichem Lachen, empfängt uns in ihrem Atelier, einer umgebauten Lagerhalle in einem Industrieviertel. Hier bemalt sie indianische Trommeln und Büffelhäute mit traditionellen und folkloristischen Mustern. „Ich liebe die Kultur meines Volkes", sagt sie schüchtern, „und ich möchte, dass sie erhalten bleibt. Ich freue mich, wenn ich ein bisschen dazu beitragen kann." Besonders stolz ist sie auf ihren kleinen Auftritt in dem Hollywood-Film „Der mit dem Wolf tanzt", „aber das war wirklich nur eine winzige Rolle!"*

*Jim Yellowhawk wurde in Rapid City geboren und ging in Pierre und Eagle Butte zur Schule. Am Marion College in Indiana studierte er moderne Kunst. Auch er vermischt traditionelle und moderne Muster, ohne dabei seine Wurzeln zu vergessen. „Ich versuche einiges von dem Talent und dem Glück, mit dem ich beschenkt worden bin, an die Jugend weiterzugeben", verspricht Jim, „denn nur wenn unsere Kultur am Leben bleibt, haben wir eine Chance."*

Ganz links:
**Leland Rock spielt den legendären Crazy Horse in der „Schlacht am Little Bighorn" bei Hardin (Montana). Bereits als Vierzehnjähriger in dem Dustin-Hoffman-Film „Little Big Man" durfte er mitspielen. „Ich lebe in der Tradition meines tapferen Volkes", berichtet er.**

Links:
**Helena Rosehall, eine Shoshone-Bannack, lebt im Reservat in Idaho und tanzt auf vielen Powwows.**

Von links nach rechts:
**Der Minnicoujou-Lakota-Indianer Donovin Sprague lehrt an einer Universität in South Dakota, ist aber tief verwurzelt in der Tradition seiner stolzen Vorfahren. – Sonja Holy Eagle bemalt indianische Trommeln und Büffelhäute mit traditionellen und folkloristischen Mustern. – Anna Shield, eine junge Oglala-Lakota, wuchs in Pine Ridge auf.**

Ganz links:
**Jim Yellowhawk, ein progressiver Lakota-Künstler, der sogar Motorräder bemalt, mit seinem Vater Jerry und dem Schweizer Charly Juchler, der Kulturreisen in die Black Hills organisiert und Begegnungen mit Indianern ermöglicht.**

Links:
**Eine der wenigen wirklich empfehlenswerten Pauschalreisen durch die Heimat der Lakota-Indianer veranstaltet der Schweizer Charly Juchler unter dem Namen „Chante wakan". Er gilt als einer der besten Kenner der Lakota-Kultur.**

# OREGON UND WASHINGTON – UNGESTÜME NATUR IM PAZIFISCHEN NORDWESTEN

Washington, Oregon und Idaho gehören zu den letzten Naturparadiesen von Nordamerika. Schneebedeckte Berggipfel und brodelnde Vulkane ragen aus den Gebirgsketten an der Küste, trockene Salbeiwüsten erstrecken sich östlich der Berge in Washington und Oregon.

Seattle gehört zu den schönsten Städten der USA, die malerische Lage am Meer ist ihr größtes Pfand. Über die Olympic Peninsula führt ein Scenic Drive. Verträumte Fischerdörfer säumen die Küste. Von der Hurricane Ridge hat man eine atemberaubende Aussicht auf die Bergwelt der Cascades und Olympic Mountains. Von Winthrop, einem Urlaubsort im nördlichen Washington, geht die Fahrt über den North Cascades Highway durch den malerischen North Cascades National Park in die amerikanischen Alpen.

Steile Felswände, einsame Sandstrände und romantische Landschaften machen den Reiz der Oregon-Küste aus. Portland liegt im Trend, ist schon lange keine langweilige Hafenstadt mehr. Weiter geht es nach Osten, vorbei am schneebedeckten Gipfel des Mount Hood in die Columbia River Gorge, eine kilometertiefe Schlucht in der zerklüfteten Cascade Range.

Jenseits der Cascades erwartet uns die Hochwüste. Bend liegt mitten in diesem Wüstenparadies, eine eher beschauliche Stadt abseits der großen Interstates und Highways. Südlich von Bend lockt das Newberry National Volcanic Monument, eine prähistorisch anmutende Vulkanlandschaft mit bewaldeter Lava und eindrucksvollen Seen. Noch eindrucksvoller präsentiert sich der Crater Lake im gleichnamigen Nationalpark, ein geheimnisvoller See von berauschender Schönheit.

Schroffe Felswände, einsame Sandstrände und romantische Fischerdörfer machen den Reiz der rauen Oregon Coast aus. In Oregon ist die Natur noch unverfälscht. An der Mündung des Coquille River in den Pazifischen Ozean liegt der kleine Ort Bandon-by-the-Sea mit seinem pittoresken Leuchtturm.

Die Olympic Peninsula ragt südwestlich von Seattle in den meist regenverhangenen Pazifischen Ozean, wird im Norden von der Juan-de-Fuca-Straße und im Osten vom Puget Sound begrenzt. Die karge Landschaft lockt mit verträumten Fischerdörfern und einer üppigen Natur.

In der Nähe von Bandon-by-the-Sea, einem romantischen Fischerort an der Südküste von Oregon, ragen mächtige Felsen aus dem Pazifik. Hier präsentiert sich die Küste des Nordwestens von ihrer wildromantischen Seite. Doch so ruhig wie hier ist das Meer selten.

Der Samuel H. Boardman State Park, nach dem ersten Superintendent der Oregon-Parks benannt, vereinigt einen Teil der schroffen Felsenküste und romantische Sandstrände. Durch die dichten Küstenwälder windet sich der 27 Meilen lange Oregon Coast Trail mit zahlreichen Aussichtspunkten.

Der Campground am Three Creek Lake gehört zu den schönsten Rastplätzen in der Wildnis des amerikanischen Nordwestens. Zahlreiche Wanderwege führen in den Deschutes National Forest und die Ausläufer der Cascade Mountain Range.

„Wenn du nach dem Frühstück nochmal unter die Dusche willst, geh nach Oregon!" So steht es auf zahlreichen T-Shirts, die sich über das feuchte Klima im Regenstaat lustig machen. Dabei beginnt jenseits der Cascades die Wüste, erinnert das Land an die farbenreiche Steppe von New Mexico.

„Things look different here", sagen die Oregonians, „bei uns sieht alles anders aus." Urwüchsiger und natürlicher, so wie im letzten Jahrhundert, als Tausende von Siedlern über den Oregon Trail nach Westen zogen.

In zahlreichen Windungen fließt der Crooked River durch den Smith Rock State Park, nahe der Stadt Terrebonne in Oregon. Von den zahlreichen Wanderwegen in dem Naturschutzgebiet hat man einen herrlichen Ausblick auf die Cascade Range.

# OUTDOOR COUNTRY – ALLEIN MIT DER NATUR

Inmitten der Bergwildnis der Cascade Mountains steigen wir langsam einen Berghang hinauf. Der Weg ist steiler, als wir gedacht haben. Seit zwei Stunden sind wir schon in dieser dicht bewaldeten Gegend unterwegs, überqueren klare Gebirgsbäche, klettern an rauschenden Wasserfällen vorbei und staunen über die riesigen Hemlock-Tannen und Douglas-Fichten. Wir sind allein mit der Natur, außer ein paar kleinen Tieren lässt sich niemand blicken.

Nach drei Stunden erreichen wir die Anhöhe oberhalb eines namenlosen Sees. Über den Himmel ziehen Wolken, tief im Tal hängen dichte Nebelfelder. Um uns herum ragen die schneebedeckten Gipfel der Cascades empor. Bunte Wildblumen sprenkeln die Wiesen: roter Indian Paintbrush, blaue Lupinen und ein farbenprächtiger Teppich von Tiger Lilys und Blue Violets. Keine Milka-Kühe weit und breit. „Wow!", staunen wir.

**Rechts:**
**Der Nordwesten ist Outdoor Country. Neben lauter Rockmusik, bitterstarkem Espresso und lokal gebrautem Bier fährt man vor allem wegen der grandiosen Natur nach Washington und Oregon. Hier teilt man sich die Natur nur mit den Tieren.**

## UNTERWEGS IN MALERISCHEN BERGWELTEN

In diesem Sommer sind wir mit unserem Camper unterwegs. Ein Allrad-Ford-Truck mit Wohnaufbau. Auf dem Dach liegen die Kajaks, an der Hecktür hängen die Mountain Bikes. Eigentlich alles, was man für eine Aktiv-Tour durch die grandiosen Landschaften des amerikanischen Nordwestens braucht. Der Nordwesten ist Outdoor Country. Neben lauter Rockmusik, bitterstarkem Espresso und lokal gebrautem Bier fährt man vor allem wegen der grandiosen Natur nach Washington und Oregon. Die Möglichkeiten sind hier unendlich. Der North Cascades National Park und die umliegende Wilderness Area im National Forest gehören zu jenen Geheimtipps, die nur Eingeweihte zu schätzen wissen. In dieser malerischen Bergwelt teilt man sich die Natur nur mit den Tieren.

Die Gegend um Mount Rainier ist etwas belebter, dennoch zieht uns Seattles gigantischer Hausberg magnetisch an. Also wandern wir am späten Nachmittag von Paradise bergwärts. Je weiter wir uns hocharbeiten, desto weniger Leute sind noch bei uns. Schon schiebt sich der massive Vulkan in unser Blickfeld. Hinter einem bunten Teppich von Bergblumen glänzen die Gletscher des Bergmassivs. Selbst im Hochsommer breiten sich hier oben noch große Schneefelder aus. Plötzlich stehen wir vor einer Bergziege. Diese schneeweißen Tiere sind wohl die sanftmütigsten und irgendwie auch sympathischsten Bewohner des amerikanischen Hochgebirges. Kauend sitzt die Ziege auf dem Schneefeld, beäugt uns friedlich und erhebt sich dann gemütlich und posiert für uns vor dem grandiosen Berg. Gletscher und Wasserfall im Hintergrund, das Licht stimmt – wie gemalt.

**Ganz links:**
**Steile Trails für geübte Wanderer führen in die Berglandschaft der North Cascades. Im gleichnamigen Nationalpark liegen die höchsten Gipfel der „amerikanischen Alpen".**

**Links:**
**Der Hosmer Lake im zentralen Oregon gilt als beliebtes Revier bei Kajakfahrern. Ruhig gleiten die Boote über den stillen See. Aus der Ferne grüßt der schneebedeckte Gipfel des South Sister Mountain.**

**Links:**
**Über den Canyon Creek Meadows Trail erreichen geübte Wanderer einige der schönsten Aussichtspunkte in der Mount Jefferson Wilderness. Wie fast überall im Nordwesten spielt die Natur die Hauptrolle, bleibt die Zivilisation außen vor.**

**Ganz links:**
**Vom Tam McArthur Rim hat man einen herrlichen Ausblick auf den romantischen Three Creek Lake. Umgeben ist der See von den dichten Wäldern des Deschutes National Forest, einem Paradies für Wanderer.**

*Am frühen Abend wird es ruhig am Berg. Vereinzelt kehren Bergwanderer und Kletterer von ihrem Ausflug zur Bergspitze zurück. Sonnenverbrannt, humpelnd und zum Teil völlig erschöpft wanken sie an uns untrainierten Tageswanderern vorbei zur erlösenden Endstation. Wir setzen uns auf einen Stein und betrachten den Exodus vom Berg, genießen den Anblick der Urlandschaft, die Blumen und die fetten Murmeltiere in ihrem prächtigen Winterfell draußen auf der Wiese vor dem Bau.*

**In den USA, eigentlich das Land der Autofahrer, kommen Fahrräder immer mehr in Mode.**

**Aufblasbare Kajaks sind bei Profis zwar wenig beliebt, erleichtern Urlaubern aber den Transport. Die Boote passen selbst in eine Limousine. Für Anfänger sind sie wegen ihrer stabilen Wasserlage gut geeignet.**

*Selbst ein bekannter und teilweise überlaufener Nationalpark ist meistens eine Reise wert. Zufrieden kehren wir zu unserem Camper zurück.*

# Oregon Country Fair

**Rechts:**
Nach den Exzessen der ersten Jahre, besonders während der Grateful-Dead-Auftritte, erklärte man den Jahrmarkt zur alkohol- und drogenfreien Zone. Dem Spaß tat das keinen Abbruch. Echte Hippies brauchen keine Aufputschmittel.

Was waren das noch für Zeiten, als fast ausschließlich Deadheads zur Oregon Country Fair kamen. Damals hieß der riesige Jahrmarkt noch „Oregon Renaissance Faire", und auf der Hauptbühne spielten Jerry Garcia und seine legendären Grateful Dead. Ihre Fans, die Deadheads, ließen die Pfeifchen rumgehen und wankten zu den psychedelischen Klängen ihrer Idole über die Wiese. Doch dann starb Jerry, und 1997 schritten District Attorney Doug Harcleroad und Sheriff Jan Clements zur Tat: In einem Brief an die Veranstalter drohten sie, die Country Fair zu verbieten, weil man nichts gegen die Marihuana rauchenden Späthippies unternahm.

Was blieb den Veranstaltern anderes übrig, als die State Fair zur drogen- und alkoholfreien Zone zu erklären? Dem Spaß tat dieses Verbot jedoch keinen Abbruch. Echte Spät- und Neu-Hippies können auch ohne „Mary Jane" lustig sein. In fantasievollen Kostümen lassen sie die Hippie-Ära wieder aufleben, auf mehr als einem Dutzend Bühnen wird Rock, Folk, Jazz, Blues, Latin und Bluegrass geboten, und am Drum Tower kann jeder seine mitgebrachte

**Wer sagt denn, dass es keine Hippies mehr gibt?** Auf der Oregon Country Fair tummeln sich die langhaarigen Lebenskünstler wie im „Summer of Love". Am Drum Tower kann jeder Besucher seine Trommel auspacken und drauflos trommeln.

Trommel auspacken und mit anderen Teilnehmern um die Wette trommeln. In den Gassen zwischen den unzähligen Ständen tummeln sich Artisten, Jongleure, Clowns und andere Spaßmacher. Marching Bands in bunten Kostümen geben den Takt an.

Und weil auch Späthippies das Echte lieben, haben Plastik und Fertigessen keinen Platz auf den Fairgrounds. Alles Essen muss vor Ort zubereitet werden, Kunsthandwerk und Klamotten müssen handgefertigt sein, alle Verpackungen müssen recyclebar sein. „Alternativ" heißt das Zauberwort auf der Country Fair, ein großer Teil der Einnahmen geht wohltätigen Zwecken zu. Ein Heer von über tausend Freiwilligen sorgt für einen reibungsfreien Ablauf, die Security ist streng, aber angenehm unsichtbar. Schade eigentlich, aber neben Marihuana und Alkohol ist auch Nacktheit verpönt.

## Come in Costume!

Die erste Fair fand am 1. und 2. November 1969 in Eugene statt, nur ein paar Wochen nach Woodstock. „Come in Costume!", hieß es schon damals, umso fantasievoller das Kostüm, desto besser. Ursprünglich nur als eine Art Flohmarkt zur Unterstützung einer alternativen Schule geplant, wuchs die Fair zu einer Großveranstaltung heran.

Anfang der Siebzigerjahre verlegte man sie auf die grüne Wiese nach Veneta. Im August 1972 traten Grateful Dead zum ersten Mal auf. Dichte Marihuana-Schwaden zogen über den Festplatz. Auch die Einnahmen dieses Konzerts flossen einem wohltätigen Zweck zu. Im August 1982 traten die Dead erneut auf, doch 1992 musste Jerry Garcia aus gesundheitlichen Gründen passen. Drei Jahre später starb er an einem Herzinfarkt.

Der „Kids Loop" ist für Kinder reserviert. Im Monkey Palace können sie jonglieren lernen, im Energy Park machen sie sich mit alternativen Energien vertraut. Im Community Village informieren Non-Profit-Organisationen über den Wandel unserer Gesellschaft. Und weil die Oregon Country Fair auf einem ehemaligen Versammlungsplatz der Kalapuya-Indianer stattfindet, sind natürlich auch Vertreter der Indianerstämme des Nordwestens vertreten.

Ganz links:
**Hoch hinaus will man noch immer auf einem der buntesten Jahrmärkte des amerikanischen Nordwestens. Die Country Fair haben viele auf ihrem Kalender rot angestrichen.**

Links:
**Auf mehr als einem Dutzend Bühnen wird Rock, Folk, Jazz, Blues, Latin und Bluegrass geboten.**

**Die erste Fair fand am 1. und 2. November 1969 in Eugene statt, nur ein paar Wochen nach Woodstock. „Come in Costume!", hieß es schon damals, je fantasievoller das Kostüm, desto besser.**

**Auch in ziviler Kleidung und mit eher bürgerlicher Gesinnung kann man auf der Oregon Country Fair seine Freude haben. Gut gestrampelt ist schon halb gewonnen.**

**Nicht nur auf der großen Hauptbühne begeistern die Live Acts. Abseits des Trubels vergnügt sich dieses junge Trio bei progressivem Folk und Cajun Music.**

Mount Rainier ist ein Paradies für Wanderer. Zu den schönsten Trails gehören der drei Kilometer lange Nisqually River Trail, der Silver Falls Loop und der Pfad zum Panorama Point. Erfahrene Wanderer schätzen den Wonderland Trail, der 150 Kilometer weit um den Berg herumführt.

Im bayrischen Look präsentiert sich die „Bavarian Town" in Leavenworth, Washington, ein touristisches Zugeständnis an die nahen Cascade Mountains, die auch als „amerikanische Alpen" bekannt wurden.

Winthrop, im Methow Valley im nördlichen Washington gelegen, zeigt sich im Western-Look. Verträumte Läden und hölzerne Gehsteige lassen den Wilden Westen aufleben. Das Städtchen lockt mit einem riesigen Freizeit-Angebot in der Umgebung.

Nach einer Serie von Erdbeben brach der Mount St. Helens im US-Bundesstaat Washington am 18. Mai 1980 erneut aus. 57 Menschen fielen den glühenden Lavamassen zum Opfer. Die Lava und die Asche verwüsteten ein Gebiet von 500 Quadratkilometern.

Seit über tausend Jahren ist der Mount Adams, ein Vulkan der Cascade Range im Staat Washington, nicht mehr ausgebrochen, aber wie beim 30 Meilen entfernten Mount St. Helens sind Überraschungen nicht ausgeschlossen.

Nur zehn Prozent des Mount Rainier National Parks sind von Eis bedeckt. Unterhalb der Gletscherregion bedecken tiefgrüne Wiesen mit bunten Wildblumen und dichte Fichtenwälder die Berghänge. Schneeweiße Bergziegen erklimmen die Hänge mühelos.

**Rechte Seite:**
„Ta-ho-ma" nannten die Indianer den Mount Rainier, den „Wettermacher", weil der höchste Berg der Cascade Range sein eigenes Wetter macht. Wenn an der Küste die Sonne scheint, hängen oft dichte Wolken und Nebelschwaden um die gletscherbedeckten Hänge.

# ENTLANG DER GROSSEN SEEN – MINNESOTA UND MICHIGAN

In den Twin Cities geht es los. Minneapolis lockt mit moderner Kunst und der riesigen „Mall of America", St. Paul mit einer respektablen Kathedrale. Westlich der Mille Lacs verzaubern die Brainerd Lakes und das Cuyuna County mit ländlicher Idylle und verträumten Dörfern wie Crosby und Deerwood.

Im Itasca State Park entspringt der Mississippi, der einem hier nicht mal bis zu den Knien reicht. Das Split Rock Lighthouse gehört zu den malerischsten Leuchttürmen an den Großen Seen. Mit ausgedehnten Wäldern und Seen erinnert die Upper Peninsula von Michigan an Kanada. An der Küste wartet Marquette mit dem pinkfarbenen Marquette Harbor Lighthouse. Mehr als elftausend Schiffe mit über neunzig Millionen Tonnen Fracht fahren jährlich durch die Schleusen bei Sault Ste. Marie.

Über den imposanten „Big Mac", die acht Kilometer lange Mackinac Bridge, geht es in den südlichen Teil von Michigan. Im nachgebauten Fort Michilimackinac erinnern kostümierte „Engländer" an den Krieg zwischen Indianern und Engländern, ein Fährschiff bringt die Besucher zur romantischen Mackinac Island. Traverse City liegt in einer malerischen Bucht des Lake Michigan. Die goldenen Zeiten der Autoindustrie beschwört das Henry Ford Museum bei Detroit herauf. Zurück in die Gegenwart, am Ufer des Lake Michigan entlang nach Chicago und zurück nach Minneapolis.

Die „Boundary Waters", ein riesiges Gebiet mit verzweigten Seen und Flüssen, erstreckt sich bis zur Grenze zwischen Minnesota und Kanada und präsentiert sich so wild und ursprünglich wie zu Zeiten der Trapper und Voyageurs, ein Paradies für Angler, Jäger und Kanufahrer.

Der Interstate State Park an der Grenze zwischen Minnesota und Wisconsin bietet vielfältige Möglichkeiten, die Natur zu erforschen. An Bord eines Raddampfers, im Kanu oder im Kajak genießen Besucher die Natur am St. Croix River.

Ein nachgebautes Fort in Grand Portage, malerisch am Ufer des Lake Superior gelegen, erinnert an die große Zeit der Fallensteller. Sie benutzten die „Grand Portage", einen etwa zehn Meilen langen Fußweg, um die Stromschnellen des Pidgeon River zu umgehen.

„Land der zehntausend Seen" steht auf den Nummernschildern von Minnesota. „Eher vierzehntausend", verrät ein Angler am Burntside Lake. Und da will er den Lake Superior, einen der fünf „Großen Seen", noch gar nicht mitgezählt haben.

Die North Shore von Minnesota lockt mit stillen Buchten und versteckten Stränden wie hier im Cascade River State Park am Ufer des Lake Superior. Unterwegs nach Süden sollte man das Split Rock Lighthouse besuchen.

**Oben:**
Die „Foliage", die Verfärbung der Blätter in den Wäldern des amerikanischen Nordens, lockt auch in Wisconsin. Im Copper Falls State Park kampiert man inmitten dichter Laubwälder und zahlreicher Seen. Der Blick vom Observation Tower ist grandios.

**Rechts:**
Unterwegs bleibt das Wohnmobil meist „Basiscamp". Für Ausflüge in die umliegende Natur, vor allem in den meist idyllischen State Parks wie hier im Northern Highland American Legion State Forest, sollte man auf das Fahrrad umsteigen oder wandern.

**Links:**
Mit einem kleinen Camper ist man besonders beweglich, allerdings bietet er auch weniger Platz als ein Wohnmobil, ist also höchstens für zwei Personen zu empfehlen. In den State Parks findet man meist einen preiswerten Campground.

Von Holländern gegründet wurde Holland, eine wunderschön gelegene Stadt im westlichen Michigan. An der einsamen Küste hat sich die Landschaft seit über 100 Jahren kaum verändert, ragt das knallrote Big Red Lighthouse in den meist trüben Himmel.

Die wildromantische Sleeping Bear Dunes National Lakeshore liegt an der Westküste von Michigan. Nach einer indianischen Legende soll dort eine zur Sanddüne erstarrte Bärin auf ihre verlorenen Jungen warten. Von diesem Steg aus hat man einen traumhaften Blick über den Lake Michigan.

An Bord eines Ausflugsschiffes oder im Kajak erkunden naturbegeisterte Besucher die facettenreiche Pictured Rocks National Lakeshore auf der Upper Peninsula in Michigan. In allen Rot- und Brauntönen schillern die Küstenfelsen.

Als „5-Star Wilderness" bezeichnet sich die Upper Peninsula, die nördliche Halbinsel des zweigeteilten Bundesstaates, und übertreibt damit kein bisschen. Mit ausgedehnten Wäldern und Seen erinnert das Land an Kanada.

Mackinac Island liegt im Lake Huron, jenseits der eindrucksvollen Hängebrücke, die das untere mit dem oberen Michigan verbindet. Autos und Motorräder sind auf der Insel nicht zugelassen, die einzigen Fortbewegungsmittel sind Pferdekutschen und Fahrräder.

Eine Vielzahl von Shops, Restaurants und Galerien wartet auf die Besucher von Mackinac Island. Abseits des Trubels locken felsige Küsten, pastellfarbene Häuser und das blaue Wasser des Lake Huron.

**Ganz links:**
An der Straße von Mackinac erhebt sich die Nachbildung des historischen Fort Michilimackinac. Soldaten in roten Uniformen feuern Musketen ab und zeigen den Besuchern, wie beschwerlich das Leben an der Grenze war. Im Trading Post wartet der Händler auf Kundschaft.

**Links:**
Das Leben an der Grenze war beschwerlich, besonders für die Frauen. Am 2. Juni 1763 wurde der Stützpunkt von Häuptling Pontiac und seiner indianischen Streitmacht eingenommen. Während eines Ballspiels schlichen sich die Krieger ins Fort.

**Ganz links:**
Frankenmuth, eine Siedlung deutscher Protestanten, präsentiert sich im bayerisch-alpinen Look. Farbenprächtig wie in Garmisch ragt der Bavarian Inn empor. In den Souvenirläden gibt es Bierkrüge und Hummel-Figuren.

**Links:**
Zu Sauerbraten und Chicken spielt Linda Lee auf dem Akkordeon. Volkstümliche Schlager und deutsche Volkslieder gehören zum Repertoire der Amerikanerin. Sogar der Musikantenstadl zeichnete im Bavarian Inn schon auf – leider ohne Linda.

# WILDNIS IM HOHEN NORDEN

„Wie ich mich gegen einen angreifenden Bären wehre? Ich verpasse ihm eine Ladung von meinem Pfefferspray. Das treibt ihn in die Flucht und hinterlässt keine bleibenden Spuren." Donna Phelan arbeitet im North American Bear Center in Ely, hoch im Norden von Minnesota. In dem Zentrum informieren Fachleute über Bären und räumen so manches Missverständnis aus. Donna: „Wenn Bären sich aufrichten, wollen sie nur besser sehen." Im angrenzenden Naturgehege werden „Problembären" an die Wildnis gewöhnt.

**Unten rechts:**
**Der Ash River Trail bildet den zentralen Zugang zum Voyageurs National Park. Ungefähr 56 Meilen des Weges, den die wagemutigen französischen Trapper während ihrer Reisen benutzten, können auch Urlauber in ihren Kanus folgen.**

**Unten:**
**Seinen Namen hat der Voyageurs National Park von frankokanadischen Trappern, die im frühen 19. Jahrhundert auf dem Weg nach Alaska mit ihren Kanus durch dieses Gebiet zogen.**

Im Wolf Center, nur ein paar Meilen entfernt, kümmert sich Adriane Morabito um ein ganzes Wolfsrudel. So wie ihre Kollegin im Bärenzentrum ist sie bemüht, Missverständnisse und Klischees aus der Welt zu räumen: „Wölfe greifen keine Menschen an, sie haben Angst vor ihnen." Und man lernt: „Wölfe haben breite Pfoten, deshalb kommen sie im Schnee besonders schnell vorwärts."

Die beiden Zentren gehören zu den lohnenswertesten Zielen im Norden von Minnesota, und sie passen in die Landschaft: die „Boundary Waters", ein riesiges Gebiet mit verzweigten Seen und Flüssen, erstrecken sich bis zur kanadischen Grenze und präsentieren sich so wild und ursprünglich wie zu Zeiten der Trapper und Voyageurs,

ein Paradies für Angler, Jäger und Kanufahrer. „Land der zehntausend Seen" steht auf den Nummernschildern von Minnesota. „Eher vierzehntausend", verrät der Angler, dem wir auf dem Burntside Lake begegnen. Und da will er den Lake Superior, einen der fünf „Großen Seen", noch gar nicht mitgezählt haben.

## VOYAGEURS NATIONAL PARK

Zu den am wenigsten besuchten Nationalparks der Vereinigten Staaten gehört der Voyageurs National Park in Minnesota – und das aus gutem Grund. Der Park wurde 1975 nicht für den Massentourismus eingerichtet, sollte vielmehr dafür sorgen, dass die ungestüme Natur im Gebiet

Ganz links:
**Im Voyageurs National Park in Minnesota findet man eine urwüchsige Wildnis mit Sümpfen, Flüssen und Seen vor.**

Links:
**Auch ein Goldrausch konnte die Abgeschiedenheit des entlegenen Naturschutzgebietes nicht stören. Im Winter strömten die Goldsucher über die zugefrorenen Seen, doch schon nach einem halben Jahr kehrten sie entkräftet in ihre Heimat zurück.**

**Donna Phelan arbeitet im North American Bear Center in Ely, hoch im Norden von Minnesota. In dem Zentrum informieren Fachleute über die Lebensgewohnheiten und das Verhalten von Bären.**

der Großen Seen in ihrem Urzustand verharrt. Weite Teile der Naturschutzgebiete kann man nur mit dem Buschflugzeug oder dem Boot erreichen. Eine urwüchsige Wildnis mit Sümpfen, Flüssen und Seen bedeckt das Gebiet bis zur kanadischen Grenze. Mitten in dem Naturschutzgebiet, das zum größten Teil aus Wasser besteht, liegt Kabetogama Island, eine kleine Insel, auf der man herrlich wandern kann. Angler schätzen die fischreichen Gewässer. Im Winter sind viele Besucher mit dem Snowmobil oder auf Schneeschuhen unterwegs.

Der Voyageurs National Park wurde nach den frankokanadischen Trappern benannt, die im frühen 19. Jahrhundert mit ihren Kanus zum Lake Athabasca in Kanada unterwegs waren und einen ausgedehnten Handel mit den Indianern betrieben. Zu den schönsten Seen gehören der Rainy, Kabetogama, Namakan und Sand Point Lake, bei den Besucherzentren werden Hausboote, Kajaks und Kanus vermietet. Zwischen dem Lake Namakan und dem Rainy Lake liegt das historische Rainy Falls Hotel, das 1910 von dem Holzbaron Ed Rose errichtet wurde und seit 1976 unter Denkmalschutz steht. Über den ganzen Park verteilt sind einfache Campingplätze. Innerhalb der Grenzen des Nationalparks findet man ungefähr drei Milliarden Jahre alte Felsformationen.

**Im Legend House am Nett Lake zeigen die Ojibway-Indianer, wie verbunden sie mit der Natur waren. „Alles, was ich tue, ist ein Gebet", sagt Rose Berens, eine Künstlerin des Stammes, die auch das Logo des kleinen Museums entworfen hat.**

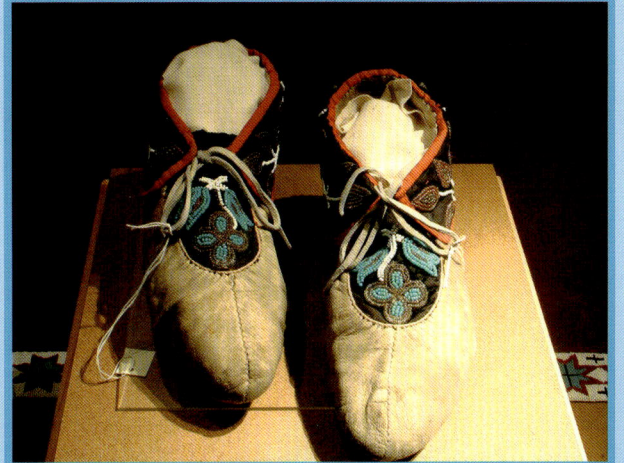

**Die Ojibways lebten mit den Jahreszeiten. Im Spätsommer ernteten sie wilden Reis und Ahornsirup, in Kanus aus Birkenrinde zogen sie über die Seen und Flüsse auf der Suche nach jagbarem Wild. Ihre Mokassins waren aus Wildleder gefertigt.**

# UPSTATE NEW YORK –
# NÖRDLICH DES „BIG APPLE"

New York hat mehr zu bieten als Wolken-
kratzer und Statue of Liberty – upstate locken die
urwüchsige Natur der Adirondack Mountains und
die romantischen Finger Lakes. In Cooperstown,
knappe 200 Meilen nordwestlich, erinnern der
Otsego Lake und ein Museum an den Leder-
strumpf-Autor James Fenimore Cooper, der hier
aufgewachsen ist. Eine Nachbildung des historischen Fort William Henry aus „Der letzte Mohi-
kaner" steht hundert Meilen weiter nordöstlich
am Ufer des Lake George.

Über den Highway 28 fahren wir tiefer in die
Adirondacks hinein. Am Ufer des Raquette Lakes
steht das historische Sagamore Camp, einst erbaut
für die „Rich and Beautiful". Die Finger Lakes, eine
Kette von romantisch gelegenen Seen, ragen wie
die gespreizten Finger einer Hand ins Land.

Von Skaneateles führt der Highway zum Monte-
zuma National Wildlife Refuge, einem Paradies für
seltene Vögel. In Seneca Falls erinnert ein Museum
an bekannte Frauenrechtlerinnen. Im Watkins
Glen State Park, einer gigantischen Schlucht mit
neunzehn Wasserfällen, windet sich der Gorge
Trail am schäumenden Glen Creek entlang in
die Schlucht hinein. Ithaca, am Ufer des Cayuga
Lake gelegen, ist für seine zahlreichen Parks und
Wasserfälle bekannt. In der „liberalsten Stadt der
Ostküste" lebt jeder nach seiner eigenen Façon.
Von Ithaca geht es zurück nach Manhattan.

Der Letchworth State Park
gehört zu den beliebtesten
Ausflugszielen im Staat
New York. Besonders
Wanderer kommen in der
Schlucht auf ihre Kosten,
aber auch Wildwasserfahr-
ten über den Genesee
River und Ballonfahrten
gehören zum Freizeit-
angebot des State Parks.

**Oben:**
Jenseits von Manhattan
liegen die attraktiven Urlaubs-
gebiete der New Yorker. Das
Hudson River Valley beein-
druckt mit einer anmutigen
Landschaft, romantischen
Künstlerdörfern und den
Prachtschlössern der Roose-
velts und Vanderbilts.

**Rechts:**
Nordöstlich von New York
bildet der Hudson River ein
anmutiges Tal, das ebenfalls
nach dem englischen
Entdecker Henry Hudson
benannt wurde. Romantische
Dörfer und Täler und Seen
bilden einen angenehmen
Kontrast zum hektischen
New York City.

**Links:**
Im Hudson River Valley regiert die Idylle. Viktorianische Landhäuser und einsame Farmen säumen die Straßen, auf den Wiesen weiden Kühe, am Wegesrand locken Stände mit frischem Obst, Gemüse und Kunsthandwerk.

Auch außerhalb des Letchworth State Parks überwiegt der ländliche Charakter im Staat New York. Die schmalen Highways ziehen sich durch Felder und Wiesen, wie hier bei Portageville, am Straßenrand liegen vereinzelte Farmhäuser.

Bei Amenia lädt ein einsamer See zum längeren Verweilen ein. „Amenia" kommt aus dem Lateinischen und bedeutet „Angenehm für das Auge". Einen passenderen Namen hätte das entlegene Dorf nicht finden können.

Seit 1704 gibt es Amenia, New York. Obwohl es eine direkte Zugverbindung nach New York City gibt, zieht es die meisten Menschen in die umliegende Natur. Im Camper erkunden auch Einheimische die umliegenden Wälder und Täler.

Im westlichen New York liegt der Allegany State Park, der vor allem für seine asphaltierten Radwege und seine zahlreichen Campgrounds bekannt ist. Besonders im Herbst, wenn die Farben leuchten, lohnt eine Fahrt durch den Park.

# LETCHWORTH STATE PARK

*Nach einer Legende der Seneca-Indianer verharrt selbst die Sonne jeden Mittag über den Middle Falls des Genesee Rivers, um sie ausführlich bewundern zu können. Über dreißig Meter stürzen die tosenden Wassermassen in die Tiefe. Ebenso beeindruckend präsentieren sich die Upper und die Lower Falls. „Seh-ga-hun-da" („Tal der drei Wasserfälle") nannten die Seneca den Portage Canyon im südlichen Teil des State Parks. „Grand Canyon of the East" heißt er wegen seiner steilen und bis zweihundert Meter hohen Felswände bei den Amerikanern. Ein riesiges Viadukt spannt sich über den Fluss. Inspiration Falls, der höchste Wasserfall des Parks, zeigt seine volle Power nur während der Schneeschmelze.*

*Der State Park geht auf die Initiative des Quäkers William Pryor Letchworth zurück. Bereits 1859 kaufte der erfolgreiche Geschäftsmann ein Grundstück am Genesee River, den er während einer Ausflugsfahrt zu Gesicht bekommen hatte. Oberhalb der Middle Falls baute er ein prachtvolles Haus, das er nach der griechischen Göttin des Regenbogens „Glen Iris" nannte. Den Landschaftsarchitekten William Webster beauftragte er mit der Gestaltung seines riesigen Besitzes, ließ Bäume und Sträucher pflanzen, Straßen und Trails anlegen und rustikale Brücken bauen. Auf die „Council Grounds" ließ er das alte Versammlungshaus der Seneca verlegen. Er baute ein Museum, ließ die legendäre Mary Jemison in seiner Erde beerdigen und eine Statue zu ihren Ehren errichten.*

## DIE WEISSE INDIANERIN

*Die „Weiße Frau vom Genesee" wurde als Vierzehnjährige von Shawnee geraubt und an die Seneca verkauft. Als vollwertiges Mitglied des Stammes lebte sie gleichberechtigt mit den Familien ihres Clans. Ihr Drang, aus dem Dorf zu fliehen und zu den Weißen zurückzukehren, wurde immer schwächer. Als sie die Möglichkeit bekam, zu den Weißen zurückzukehren, sagte sie: „Was würde es für einen Unterschied machen? Bei den Weißen müsste ich genauso hart auf dem Feld arbeiten wie hier." Sie heiratete Hiokatoo,*

**Mary Jemison, die Tochter irischer Einwanderer, wurde als vierzehnjähriges Mädchen von Indianern geraubt und von den Seneca adoptiert. Sie heiratete einen angesehenen Häuptling und setzte sich für gute Beziehungen zwischen Indianern und Weißen ein.**

**Im Seneca Council House berieten sich die Indianer nach ihrer Unterwerfung durch die Weißen. Bei den Irokesen, zu denen die Seneca gehörten, herrschte das Matriarchat, das letzte Wort hatten die Clan-Mütter, die auch über Krieg und Frieden entschieden.**

einen angesehenen Häuptling, und schenkte ihm sechs Kinder. Im Reservat wurde sie zu einer engagierten Vermittlerin zwischen Indianern und Weißen und erwarb sich den Respekt beider Völker. Ihre Blockhütte steht im Letchworth State Park.

William Letchworth gehörte zu den großen Bewunderern der weißen Indianerin, die über neunzig Jahre alt wurde. Er selbst betätigte sich im Herbst seines Lebens als Wohltäter, half notleidenden Kindern und vermachte seinen Besitz im Jahr 1906 dem Staat New York. Ein Jahr später erklärte man das Land zum State Park. Letchworth lebte bis zu seinem Tod am 1. Dezember 1910 in Glen Iris, die traumhafte Schönheit seines geliebten Tales vor Augen.

Der Letchworth State Park gehört zu den beliebtesten Ausflugszielen im Staat New York. „Glen Iris", der ehemalige Besitz von William Letchworth, wurde in ein Hotel umgewandelt, zahlreiche Campgrounds laden zu einem längeren Verweilen ein. Besonders Wanderer kommen in der Schlucht auf ihre Kosten, aber auch Wildwasserfahrten über den Genesee River und Ballonfahrten gehören zum Freizeitangebot des State Parks.

**Dieser Turtle Rock lag schon hier, als William Letchworth noch am Ufer des Genesee Rivers wohnte.**

**Mit einem Camper ist man im Letchworth State Park gut aufgehoben. Campingplätze zum Übernachten und Parkplätze für Tagestouren sind ausreichend vorhanden.**

Die Catskills sind ein beliebtes Erholungsgebiet nordwestlich von New York. Der Name geht auf die Holländer zurück und hieß ursprünglich „Kaatskil" („Katzenfluss") – er bezog sich auf die Berglöwen, die damals noch zahlreich in den Bergen vertreten waren.

Das ländliche Leben des 19. Jahrhunderts wird im Village Museum von Monroe lebendig. Im Drug Store preist die Verkäuferin ihre Waren an, außerdem warten ein General Store, ein Schulhaus, eine Schmiede und zahlreiche andere Werkstätten auf die Besucher.

Die Adirondack Mountains liegen im nordöstlichen Teil von New York State und beeindrucken mit romantischen Seen und urwüchsiger Natur. In kleinen Orten wie Wells scheint die Zeit stehen geblieben zu sein.

Die rote Scheune wurde zum Symbol des ländlichen Lebens in Amerika und ist auch im Staat New York zu sehen. Sie fügt sich harmonisch in die anmutige Landschaft ein. Kaum zu glauben, dass New York City nur „um die Ecke" liegt.

Bereits im frühen 20. Jahrhundert kamen die ersten Besucher in die Adirondack Mountains, meist wohlhabende Geschäftsleute aus dem nahen New York City. In Landhäusern oder kleinen Fishing Camps wie hier am Lake Algonquin erholten sie sich vom Alltag.

Das Culinary Institute bei Poughkeepsie gehört zu den angesehensten Kochschulen der Ostküste. In der Schule kann man den jungen Köchen bei der Arbeit zusehen, im Restaurant werden Kostproben serviert.

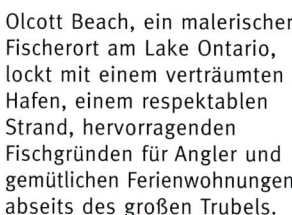

Olcott Beach, ein malerischer Fischerort am Lake Ontario, lockt mit einem verträumten Hafen, einem respektablen Strand, hervorragenden Fischgründen für Angler und gemütlichen Ferienwohnungen abseits des großen Trubels.

Nur wenige Stunden von New York entfernt erstrecken sich die Finger Lakes wie die Finger einer ausgestreckten Hand von Norden nach Süden. Dazu gehören der Otisco, Skaneateles, Owasco, Cayuga (unser Foto), Seneca, Keuka und Canandaigua Lake.

# FLORIDA – UNTERWEGS IM „SUNSHINE STATE"

Miami hat viel von seinem Zauber verloren, doch am Strand von South Beach rocken die Schönen und Reichen (und die „Drag Queens") noch immer. An der Küste entlang fahren wir nach Palm Beach, dort versammelt sich von Januar bis Mitte März ein Drittel des gesamten Reichtums der USA. Auf der sündhaft teuren Worth Avenue begnügen wir uns mit Window Shopping. Weiter nach Orlando, zu Mickey Mouse und seinen Verwandten. Sich im Magic Kingdom der Fantasie hingeben, bei Universal Studios hautnah den Weißen Hai und die Simpsons erleben, in Sea World auf Tuchfühlung mit einem Killerwal gehen.

Falls Zeit ist, sollte man das Panhandle im Nordwesten mitnehmen. Panama City rühmt sich seiner blütenweißen Sandstrände, das exklusive Seaside erinnert an das Florida der Gründerzeit. Am Clearwater Beach westlich von Tampa tobt das Beach Life, in St. Petersburg lockt das Salvatore Dali Museum. Weiter nach Sanibel und Captiva, den exklusiven Inseln. Am Strand von Sanibel Island sammeln wir Muscheln. Im Kanu durchs Naturschutzgebiet, mit dem Boot nach Cabbage Key, im „Cheeseburgers in Paradise" abhängen. Im Süden erkunden wir die Florida Keys, über den „Highway That Goes to Sea" geht es nach Key West. Wir besuchen Papa Hemingways Haus, feiern den Sonnenuntergang am Mallory Square. Im Dolphin Research Center in Marathon schwimmen wir mit Delfinen, bevor wir schweren Herzens nach Miami zurückfahren.

Eine Fahrt durch den Cypress Gardens Fun Park führt in das ländliche Florida. Vorbei an dichten Zypressenwäldern geht es über breite Gewässer und durch scheinbar unberührte Natur. Sogar Adler wagen sich bis dicht an den Fluss heran.

# DIE EVERGLADES: „MEER AUS GRAS"

Gleich hinter Palm Beach beginnen die Sümpfe. Nur wenige Meilen von der Luxusstadt entfernt gleiten wir mit einem Airboat über den weiten Grasteppich in die Everglades. Zwischen den Mangroveninseln schimmert dunkles Wasser im Sonnenlicht. Ein Alligator döst im Schilf, ein Anhinga breitet seine Flügel aus. Der röhrende Motor des Airboats scheint ihnen nichts auszumachen. „Nicht mal Hurrikan Wilma hat die Natur aus dem Gleichgewicht gebracht", ruft Lyle von seinem Hochsitz, „und eines der größten Naturschutzgebiete liegt gleich neben dem Kennedy Space Center."

Lyle lebt seit über vierzig Jahren in den Sümpfen, ein knorriger „Swamp Man" mit großer Ehrfurcht vor der Natur. Fast jeden Tag ist er mit seinem Airboat unterwegs, mit und ohne Besucher. „Hier siehst du mehr Alligatoren und Vögel als im Nationalpark", berichtet er stolz, „die Leute vergessen immer, dass die Everglades nicht nur aus dem Nationalpark bestehen." Innerhalb der Grenzen des Nationalparks im Süden von Florida sind Airboats nicht erlaubt.

**Hurrikan Andrew zerstörte 1992 weite Teile der Everglades-Sümpfe, auch die Aussichtspunkte entlang der einzigen Straße durch den Nationalpark. Inzwischen läuft der Betrieb wieder reibungslos, und auch der kleine Waschbär hat nichts zu befürchten.**

## RIESIGES SUMPFGEBIET

Die Everglades, ein riesiges Sumpfgebiet im Süden Floridas, sind der drittgrößte Nationalpark der USA. Er umfasst 2100 Quadratmeilen und reicht vom Tamiami Trail im Norden bis zur Florida Bay im Süden und von den Keys im Osten bis zum Gold von Mexiko. „Pay-hay-okee" nannten die Indianer die Sümpfe, „Meer aus Gras". Wenn der Wind über das harte Jamaica Sawgrass streicht, gleichen die Sümpfe einem stürmischen Ozean. Das zähe Gras wurde jahrhundertelang durch das übertretende und nach Süden fließende Wasser des Lake Okeechobee gespeist, heute wird die Strömung durch Dämme und Kanäle gebremst, und die Everglades sind auf den Regen angewiesen. Ein Eingriff in den Kreislauf der Natur, der nicht nur von Ökologen verurteilt wird. Die Ranger wachen mit Argusaugen darüber, dass den Everglades kein weiterer Schaden zugefügt wird. Hölzerne Gehsteige führen weit in die Sumpfgebiete hinein und ermöglichen den Besuchern, seltene Tiere und farbenprächtige Pflanzen abseits der Straße zu studieren.

Zwischen den Hammocks, knorrigen Bauminseln im Grasmeer, und den Mangroven überlebten seltene Vögel wie der Anhinga, der beim Schwimmen nur den Hals aus

Ganz links:
**Wind und Wetter haben im Sumpfgebiet der Everglades diese bizarren Baumformationen geschaffen.**

Links:
**Der Biologe Joe Wasilewski kurvt mit seinem Boot durch die Sümpfe im südlichen Florida und studiert dort das Leben von Schlangen, Vögeln und Alligatoren. In unzugänglichen Gebieten steigt er auf ein Propellerboot um.**

Links:
**Nach Hurrikan Wilma hat sich die Natur mittlerweile wieder erholt, nicht nur die Nachtreiher bauen ihre Nester.**

Ganz links:
**Auf sicheren Wegen kann man den Everglades-Nationalpark erkunden. Die Stege dienen gleichzeitig dem Schutz der Natur, die sich abseits der Pfade ohne Einfluss des Menschen entfalten kann.**

**Die Nahrung des Grünreihers besteht aus Wasserinsekten und kleinen Fischen. Die Sumpflandschaften der Everglades bieten dem Vogel ideale Lebensbedingungen.**

dem Wasser reckt und die gefangenen Fische kunstvoll im Schnabel wendet, der gefährdete Wasserstorch, der seine Beute in Sekundenschnelle verschluckt, und der Weißkopfseeadler, das Wappentier der USA. Andere Vögel wie der Löffelreiher und das Purpurteichhuhn profitieren vom Jahreszeitenwechsel und den idealen Brut- und Futterbedingungen in den Everglades. Die Alligatoren, vor fünfzig Jahren noch vom Aussterben bedroht, sind heute kaum gefährdet und dürfen sogar gejagt werden – aber die Gesetze sind streng. Zartes Alligatorenfleisch gilt als Delikatesse, schmeckt wie Hühnerfleisch.

„Auf der ganzen Welt gibt es keine zweiten Everglades", schrieb Marjorie Stoneman Douglas, die sich ein Leben lang für die bedrohten Sümpfe einsetzte. „Sie gehörten immer schon zu den einzigartigen Landschaften der Erde."

**Die Alligatoren waren vor 50 Jahren noch vom Aussterben bedroht, heute hat sich die Population glücklicherweise erholt.**

**Linke Seite:**
Bis in die 1980er-Jahre galt Miami Beach als schmuddeliges „Wartezimmer Gottes" für sonnenhungrige Rentner. Erst ein gründliches Uplifting hat die Strandmetropole von diesem Image befreit. Die Collins Avenue erstrahlt heute wieder im alten Glanz.

Key West, der südlichste Punkt der kontinentalen USA, liegt nur neunzig Meilen von Kuba entfernt und lockt mit bunten Häusern, stimmungsvollen Kneipen und karibischer Lockerheit. Zu den bekanntesten Bewohnern der Insel gehörte Ernest Hemingway.

Die pastellfarbenen Art-Deco-Hotels am Ocean Drive in South Beach wurden einem gründlichen Facelifting unterzogen. Finanzstarke Unternehmer wie Tony Goldman sorgten dafür, dass sich das abbruchreife Viertel zwischen Ocean Drive, Washington Avenue und 15th Street in neuer Pracht zeigen kann.

Wie an einer Perlenschnur aufgereiht ziehen sich die Florida Keys ins Karibische Meer. Zweiundvierzig Brücken verbinden die kleinen Inseln zwischen Key Largo und Key West. Westlich des „Overseas Highway" liegt der Golf von Mexiko, östlich der Atlantik.

**Rechts:**
Das Dolphin Research Center wurde Anfang der 1960er-Jahre von einem Fischer gegründet. Der Unterschied zu Seaworld und ähnlichen Parks ist, dass sich die Angestellte hier ausschließlich um das Wohl und die Gesundheit der Delfine kümmern.

**Ganz rechts:**
Jennifer Erb arbeitet als Trainerin im Dolphin Research Center: „Es macht großen Spaß, mit diesen intelligenten Tieren zu arbeiten. Und noch besser ist, dass ich diese Begeisterung mit den Besuchern teilen kann. Hier beginnt alle halbe Stunde ein neues Programm."

116

Fort Lauderdale, wegen
seiner zahlreichen Kanäle
auch „Venedig Amerikas"
genannt, begeistert mit
schlossartigen Villen, teuren
Jachten, der Shoppingmeile
Las Olas Boulevard und
einem herrlichen Sandstrand
mit rauschenden Palmen.

Auch Key West lockt mit
Stränden und blauem Meer.
Unter den Palmen kommt
Karibik-Feeling auf. Die
meisten Besucher stürzen
sich jedoch in den Trubel
der Duval Street und feiern
den Sonnenuntergang am
Mallory Square.

Ein bisschen erinnert die Duval Street in Key West an Disneyland und South Beach. Von „Starbuck's" bis zu „Jimmy Buffett's Margaritaville" sind alle Trendläden auf der Straße vertreten. Selbst Papa Hemingways Stammkneipen werden nur noch von Touristen besucht.

Aber solange es schrullige Typen und die Gaukler und Clowns vom Mallory Square gibt, kann der Kommerz der Insel wenig anhaben. Ein Lebenskünstler versuchte sogar mal, Key West zur eigenständigen „Conch Republic" auszurufen.

**Rechte Seite:**
In Key West steht das ehemalige Wohnhaus von Ernest Hemingway, der von 1928 bis 1940 in Key West lebte und während dieser Zeit seine berühmten Romane „Wem die Stunde schlägt" und „Schnee auf dem Kilimandscharo" schrieb.

1938 wurde der Overseas Highway eingeweiht, und die ersten Touristen zogen in die „amerikanische Karibik", auf der Suche nach Sonne, Strand und blauem Meer. Die Fahrt nach Key West ist ein Erlebnis: Links der Atlantik, rechts der Golf von Mexiko.

Bis 1840 war Apalachicola noch ein bedeutender Baumwollhafen. Inzwischen ist die Stadt für ihre hervorragenden Austern bekannt. Die Austernfischer brechen ihre kostbare Beute mit langstieligen Zangen von den Felsbänken und beliefern die Raw Bars.

Key West liegt nur 90 Meilen von Kuba entfernt. Bunte Holzhäuser, verträumte Strände und geschäftige Marinas prägen den Charakter der eigenwilligen Insel. Jeden Abend kreuzen zahlreiche Segelboote vor der Küste, an Land und auf See feiert man den Sonnenuntergang.

Sonnenaufgang in Apalachicola. In den historischen Lagerhäusern sind Antique Shops und Galerien untergebracht, ein Zugeständnis an die Touristen, die immer häufiger in die Stadt kommen und möglichst länger als zum Lunch bleiben sollen.

Wohnmobile sind so leicht wie ein Lieferwagen zu fahren. Es genügt ein Pkw-Führerschein, das Mindestalter beträgt bei den meisten Vermietern 21 Jahre. Faustregel für erfahrene Camper: Den Campground möglichst vor Einbruch der Dunkelheit erreichen.

KOA Campgrounds liegen meist dicht beim Interstate und verfügen über einen einheitlichen Standard. Bei einem längeren Urlaub lohnt der Erwerb einer „KOA Value Card" für circa 24 Dollar, dafür gibt es zehn Prozent Rabatt für jede Übernachtung.

Zum Anschließen von Strom (Foto) und Wasser sind auf manchen Campgrounds Adapter notwendig, die aber meist zur Ausstattung von gemieteten Wohnmobils gehören. Bei längeren Fahrten und vor der Rückgabe an das Leeren des Abwassers denken.

Die Stellplätze auf vielen Campgrounds verfügen über Anschlüsse für Strom, Wasser und Abwasser/Chemie-Toilette. Bitte besonders beim Abwasser (Foto) darauf achten, dass es keine undichten Stellen gibt. Vor dem Abschrauben noch mal mit Frischwasser spülen.

# NÜTZLICHE INFORMATIONEN

### Wohnmobile

Wohnmobile (Motorhomes) gehören in den USA zum Straßenbild. Entsprechend komfortabel sind die Fahrzeuge ausgestattet. Alle Wohnmobile haben Servolenkung und sind leicht zu steuern. Zum Fahren genügt ein Pkw-Führerschein, das Mindestalter beträgt 21 Jahre. Wenn man bei einem europäischen Veranstalter mietet, unterliegt man dem Reisegesetz des eigenen Landes und kann den Veranstalter bei einem Mangel haftbar machen. Im Online-Zeitalter aber auch kein Problem: Bei einer der von uns empfohlenen und sehr verlässlichen Firmen zu mieten:

Pierce RV
3800 Pierce Parkway
Billings, MT 59108
Tel. (406) 655-8000
www.piercerv.com

Road Bear RV
28404 Roadside Drive
Agoura Hills, CA 91301
Tel. (866) 491-9853
www.roadbearrv.com

Mieten kann man Wohnmobile in allen Größen. Welche Größe sich für Ihren Urlaub empfiehlt, entnehmen Sie den Webseiten der Veranstalter, dort bitte auch die Rubrik „Terms & Conditions" studieren. Alle Fahrzeuge sind haftpflichtversichert, durch einen Aufpreis kann man die Selbstbeteiligung ausschließen. Bei der Übernahme des Wohnmobils darauf achten, dass eventuelle Schäden an der Karosserie aktenkundig sind und Ihnen später nicht angelastet werden können. Überprüfen: Reifenprofil ausreichend? Ersatzreifen und Wagenheber vorhanden? Stromkabel und Wasserschlauch mit passenden Anschlussgewinden vorhanden? Funktionieren Klimaanlage, Heizung, Kühlschrank, Toilette, Wasserpumpe und Generator? Wo ist der Sicherungskasten? Liegt die Bedienungsanleitung (für alle Fälle) im Handschuhfach? Haben Sie die Notrufnummer? Fragen bei der Einweisung stellen und nicht erst von unterwegs. Strittige Probleme vor der Abfahrt klären.
Möglichst eine Übernachtung vor der Übernahme des Wohnmobils einplanen. Die Vermieter holen Sie vom Hotel ab und bringen Sie nach der Abgabe wieder zurück oder zum Flughafen. Während der ersten Meilen langsamer fahren, bis Sie sich an das neue Gefährt gewöhnt haben. Nicht zu viele Meilen fahren! Als Faustregel gilt: den Campground möglichst bei Tageslicht erreichen, sonst tun Sie sich bei der Orientierung und beim Einchecken schwer. Den Campground möglichst telefonisch reservieren, besonders zur Hochsaison und in attraktiven Gegenden (Nationalparks, Vergnügungsparks, Las Vegas, Festivals, Rodeos, usw.).

### Campgrounds

Fast alle amerikanischen Campgrounds bieten einen Komfort, der auf europäischen Campingplätzen unbekannt ist. Die Campgrounds in den State Parks sind einfach, aber sauber und liegen landschaftlich meist schön. Von einem durchschnittlichen Platz in den USA kann man erwarten: saubere Anlage mit viel Platz zum Wenden und Rangieren, saubere sanitäre Anlagen (Duschen, WC), Waschmaschinen und Trockner, einen sauberen und täglich gepflegten Swimmingpool, Kinderspielplatz, einen kleinen Laden mit den notwendigsten Hilfsmitteln, Campingzubehör und Souvenirs und natürlich geräumige Stellplätze mit allen Anschlüssen für Wasser, Strom und Abwässer („Full-Hook-Up") und Kabel-TV. Die meisten Campgrounds verfügen inzwischen über WiFi (WLAN).
Für größere Wohnmobile und Gespanne stehen sogenannte „Pull-Thru-Sites" zur Verfügung, in die man auf der einen

Seite hinein- und auf der anderen hinausfährt, also nicht wenden muss. Außerdem gibt es Grillstellen, Picknicktische und an Seen auch einen Bootsverleih. Die Campgrounds von KOA bieten einen sehr verlässlichen Service. Campground-Liste, Infos und Reservierungen: www.koa.com.

### Verpflegung
Möglichst in großen Supermärkten einkaufen und Coupons aus der Tageszeitung nutzen, dafür gibt es manches billiger. Walmart Superstores haben eine große und preiswerte Lebensmittelabteilung. Die Parkplätze sind groß genug für Wohnmobile.

### Tanken
Möglichst nicht vor Convenience Stores wie 7/11 parken, da ist es meist teurer. An den meisten Tankstellen kann man an der Säule mit Kreditkarte bezahlen, nur wenn der Area Code verlangt wird, muss man an der Kasse im Voraus zahlen.

### Unterkunft
Nachfolgend eine Liste von Unterkünften (nach Kapiteln geordnet), die Autor und Fotograf besonders gefallen haben, darunter auch zahlreiche Hotels, falls Sie sich zwischendurch mal von den Campgrounds erholen wollen oder mit einem anderen Verkehrsmittel unterwegs sind. Wichtig: Über das ganze Land verteilt sind die Campgrounds von KOA (Kampgrounds of America). Campground-Suche und Reservierungen im Internet: www.koa.com. Etwas primitiv, aber meist wunderschön gelegen und sehr preiswert sind die Campgrounds in den State Parks. Eine Übersicht finden Sie unter www.stateparks.com.

### On the Road im amerikanischen Westen

**Campgrounds:**
Circus Circus KOA, 500 Circus Circus Drive, Las Vegas, NV 89109, Tel. (702) 733-9707
Furnace Creek Campground, Death Valley National Park, Death Valley, CA 92328, Tel. (760) 786-3200
Goulding's Campground, P.O. Box 360001, Monument Valley, UT 84536, Tel. (435) 727-3231
Mather Campground, Grand Canyon Village, AZ 86023, Tel. (301) 722-1257, www.grand.canyon.national-park.com
KOA Jackson South, 9705 South Highway 89, Jackson, WY 83001, Tel. (307) 733-7078
Ponderosa Campground, 1815 Eighth Street, Cody, WY 82414, Tel. (307) 587-9203, www.codyponderosa.com.

**Hotels:**
Circus Circus Hotel & Casino, 2880 Las Vegas Boulevard South, Las Vegas, NV 89119, Tel. (702) 734-0410, www.circuscircus.com
Sheraton Wild Horse Pass Resort, 5594 West Wild Horse Blvd., Chandler, AZ 85226, Tel. (602) 225-0100, www.wildhorsepassresort.com
Lodge on the Desert, 306 North Alvernon Way, Tucson, AZ 85711, Tel. (520) 320-2000, www.lodgeonthedesert.com
JW Marriott Starr Pass Resort & Spa, 3800 W. Starr Pass Blvd., Tucson, AZ 85745, Tel. (520) 792-3500, www.jwmarriottstarrpass.com
Bisbee: Bisbee Gym Club Suites, 39 Howell Street, Bisbee, AZ 85603, Tel. (520) 234-5921, www.bisbeelandmark.com
Yuma: Clarion Suites, 2600 S. 4th Avenue, Yuma, AZ 85364, Tel. (928) 726-4830
Goulding's Lodge, P.O. Box 360001, Monument Valley, UT 84536, Tel. (435) 727-3231, www.gouldings.com
Red Rock Ranch, PO Box 38, Kelly, WY, Tel. (307) 733-6288, www.theredrockranch.com
Flying A Ranch, 771 Flying A Ranch Road, Pinedale, WY 82941, Tel. (888) 833-3348, www.flyinga.com
Wingate Inn, 2007 North Oakes Street, Helena, MT 59601, Tel. (406) 449-3000, www.wingateinnhelena.com

Die meisten Attraktionen kann man problemlos mit einem Wohnmobil anfahren, für ausreichenden Parkraum ist gesorgt. Bitte auf die Hinweisschilder für „Recreational Vehicles" („RV's") achten. Vor der Fahrt in entlegene Gebiete rechtzeitig tanken.

In den meisten Wohnmobilen ist genügend Platz für (kleine) Familien. Der Tisch kann meist umgeklappt und als Unterlage für ein Bettpolster genutzt werden. Auch „Hasen" fühlen sich in dem „rollenden Bau" schnell heimisch.

Nichts gegen einen gemütlichen Abend im Wohnmobil, aber die meisten Campgrounds bieten mehr: Swimmingpool, Spielplätze, Tennisplätze, Bootsverleihe (an Seen), Grillstellen, Picknicktische, Bingo-Abende und natürlich einen kleinen Laden.

Studieren Sie die Angebote der Veranstalter genau, bevor Sie mieten. Das gilt vor allem für das Kilometer-/Meilengeld. Meist werden z. B. 1000 Freimeilen angeboten, für jede weitere Meile muss man zahlen. Den Betrag beim Planen nicht vergessen.

Gegen eine kurze Rast auf dem Parkplatz eines Supermarktes hat niemand etwas einzuwenden. Beim Einkaufen auf die zahlreichen Sonderangebote achten. Im Walmart Superstore (meist rund um die Uhr geöffnet) kauft man sehr preiswert ein.

Die Innenausstattung der meisten Wohnmobile lässt kaum einen Wunsch offen. Herd (mit Backofen), Kühlschrank (mit Gefrierfach), Spüle, Mikrowelle, Bad mit Dusche gehören zum Standard, auch für die nötige Beleuchtung ist gesorgt.

Münzwäschereien („Coin Laundries") gibt es auf den meisten Campgrounds und entlang der Highways auch in kleineren Städten. Eine Stunde sollte man für Waschen und Trocknen einrechnen. Waschmittelautomat und Münzwechsler sind vorhanden.

Weniger komfortabel sind die staatlichen Campgrounds in den National Parks und State Parks eingerichtet, dafür sind sie preiswerter (oft nur ein Viertel der KOA-Gebühr), meist auch ruhiger und liegen landschaftlich oft sehr schön.

Fairweather Inn, 305 West Wallace, Virginia City, MT 59755, Tel. (406) 843-5377
Western Big Sky Inn, 210 North Main Street, Deer Lodge, MT 59722, www.westernbigskyinn.com
Hardin Super 8, 201 West 14th Street, Hardin, MT 59034, Tel. (406) 665-1700

### Montana und South Dakota

**Campgrounds:**
Hardin KOA, RR 1, Box 1009, Hardin, MT 59034, Tel. (406) 665-1635
Deadwood KOA, Highway 14A (westlich von Deadwood), Deadwood, SD 57732, Tel. (605) 578-3830
Rapid City KOA, 3010 East Highway 44, Rapid City, SD 57709, Tel. (605) 348-2111
Mount Rushmore KOA, 12620 Highway 244, Hill City, SD 57745, Tel. (605) 574-2525
Rush-No-More Campground, 21137 Brimstone Place, Sturgis, SD 57785, Tel. (605) 347-2916.
**Hotels:**
Hardin Super 8, 201 West 14th Street, Hardin, MT 59034, Tel. (406) 665-1700
Alex Johnson Hotel, 523 Sixth Street, Rapid City, SD 57709, Tel. (605) 342-1210, www.alexjohnson.com
Hickok's Hotel & Casino, 685 Main street, Deadwood, SD 57732, Tel. (605) 578-2222, www.hickoks.com.

### Oregon und Washington

**Campgrounds:**
Sisters/Bend KOA, 67667 Highway 20, Bend, OR 97701, Tel. (541) 549-3021.
**Hotels:**
Park Lane Suites, 809 S.W. King Ave., Portland, OR 97205, Tel. (503) 226-6288, www.parklanesuites.com.

### Minnesota und Michigan

**Campgrounds:**
Minneapolis Northwest KOA, 10410 Brockton Lane North, Maple Grove MN 55311, Tel. (763) 420-2255
Bemidji KOA, 510 Brightstar Road NW, Bemidji, MN 56601, Tel. (218) 444-7562
Duluth KOA, 1381 Carlton Road, Cloquet, MN 55720, Tel. (218) 879-5762
Camp Holiday Resort & Campground, 27406 Round Lake Road, Deerwood, MN 56444, Tel. (218) 678-2495
St. Ignace/Mackinac Island KOA, 1242 US 2 West, St. Ignace, MI 49781, Tel. (906) 643-9303
Traverse City KOA, 9700 M-37, Buckley, MI 49620, Tel. (231) 269-4562.
**Hotels:**
Sheraton Midtown, 2901 Chicago Avenue South, Minneapolis, MN 55407, Tel. (612) 821-7607, www.starwoodhotels.com
Ruttger's Bay Lake Resort, 25039 Tame Fish Lake Road, Deerwood, MN 56444, Tel. (218) 678-2885, www.ruttgers.com
Holiday Inn, 5637 Highway 29 South, Alexandria, MN 56308, Tel. (320) 763-6577, www.hialexandria.com
AmericInn, 1200 Paul Bunyan Drive NW, Bemidji, MN 56601, Tel. (218) 7513000
Adventure Inn 1145 East Sheridan Street, Ely, MN 55731, Tel. (218) 365-3140, www.adventureinn-ely.com
Fitger's Inn, 600 East Superior Street, Duluth, MN 55802, Tel. (218) 722-8826, www.fitgers.com
Landmark Inn, 230 N. Front Street, Marquette, MI, Tel. (906) 228-2580, www.thelandmarkinn.com

Plaza Motor Motel, 3901 I-75 Business Spur, Sault Ste. Marie,
MI 49783, Tel. (906) 635-1881, www.plazamotormotel.com
Lakeview Hotel, One Huron Street, Mackinac Island,
MI 49757, Tel. (906) 847-3384, www.lake-view-hotel.com
Grand Traverse Resort, 100 Grand Traverse Village Blvd.,
Acme, MI 49610 Tel. (231) 534-6000,
www.grandtraverseresort.com
Cherry Tree Condo Resort, 2345 US 31 North, Traverse City,
MI 49686, Tel. (231) 938-3333, www.cherrytreecondohotel.com
Doubletree Hozel, 1 Wenonah Park Place, Bay City, MI 48708,
Tel. (989) 891-6000, www.doubletree.com
Greenfield Inn, 3000 Enterprise Drive, Allen Park, MI 48101,
Tel. (313) 271-1600, www.bestwesterngreenfield.com.

### New York State

#### Campgrounds:
Spruce Row Campground, Kraft Road, Tel. 001-607-387-9225,
www.sprucerow.com
Watkins Glen KOA, 1710 State Road 414, Watkins Glen,
NY 14891, Tel. (607) 535-7404.
#### Hotels:
Mohonk Mountain House, 1000 Mountain Rest Road,
New Paltz, NY 12561, Tel. (845) 255-1000, www.mohonk.com
Otesaga Resort Hotel, 60 Lake Street, Cooperstown,
NY 13326, Tel. (607) 547-9931, www.otesaga.com
Fort William Henry Resort, 48 Canada Street, Lake George,
NY 12845, Tel. (518) 668-3081, www.fortwilliamhenry.com
Prospect Point Cottages, PO Box 113, Blue Mountain Lake,
NY 12812, Tel. (518) 352-7378, www.prospectpt.com
Aunt Louise's Lake House, 2498 East Lake Road, Skaneateles,
NY 13152 Tel. (315) 685-5864, www.auntlouiseslakehouse.com
Sunset on Seneca, 3221 State Route 414, Burdett, NY 14818,
Tel. (607) 535-6973, www.sunsetonseneca.com.

### Florida

#### Campgrounds:
Periwinkle Park, 1119 Periwinkle Park Way, Sanibel Island,
FL 33957, Tel. (239) 472-1433
KOA Fiesta Key, U.S. Highway 1, MM 70, Long Key, FL 33001,
Tel. (305) 664-4922
KOA St. Augustine Beach, 525 West Pope Road, St. Augustine
Beach, FL 32084, Tel. (904) 471-3113
Bahia Honda State Park, U.S. Highway 1, MM 37,5, Big Pine
Key, FL 33043, Tel. (305) 872-2353.
#### Hotels:
Historic Island Inn, 3111 West Gulf Drive, Sanibel Island,
FL 33957, Tel. (239) 472-1561, www.islandinnsanibel.com
Boca Raton Resort, 501 East Camino Real, Boca Raton,
FL 33432, Tel. (561) 447-3000, www.bocaresort.com
Grandview Gardens Bed & Breakfast, 1608 Lake Avenue,
West Palm Beach, FL 33401, Tel. (561) 833-9023,
www.grandview-gardens.com
Historic Island Inn, 3111 West Gulf Drive, Sanibel Island,
FL 33957, Tel. (239) 472-1561
Ambrosia Key West Bed & Breakfast, 622 Fleming Street,
Key West, FL 33040, www.ambrosiakeywest.com
Conch Key Cottages, 62250 Overseas Highway, Marathon,
FL 33050, Tel. (305) 289-1377
Kona Kai Resort, 97802 Overseas Highway, Mile Marker 98,
Key Largo, FL 33037, (305) 852-7200,
www.konakairesort.com.

### Allgemeine Infos
Eine Liste aller amerikanischen Fremdenverkehrsämter
finden Sie im Internet unter
www.fremdenverkehrsamt.com/usa.html

Sehr empfehlenswert: In
den Rocky Mountains und
im Indianerland mieteten der
Autor und seine Frau bei
Pierce RV (3800 Pierce
Parkway, Billings, MT 59108,
Tel. (406) 655-8000,
www.piercerv.com).

Die USA verfügen nicht nur
über eine grandiose Natur,
sondern auch über breite
Straßen und perfekt einge-
richtete Campgrounds, die
das Reisen mit dem „Haus
auf Rädern" zum ungetrübten
Vergnügen machen.

Damit Einkaufen auch für die
Kleinsten zum Vergnügen
wird, bieten viele Supermärkte
besondere Einkaufswagen
an. Die süßen Verführer
liegen jedoch auch in den
USA gleich neben der Kasse.

Sehr empfehlenswert:
Im Südwesten waren das
Fotografen-Ehepaar und die
Nissen Family mit einem
Mietwohnmobil von Road
Bear RV (28404 Roadside
Drive, Agoura Hills, CA 91301,
Tel. (866) 491-9853,
www.roadbearrv.com)
unterwegs.

Gute Reise wünschen der
Fotograf Christian Heeb
(www.heebphoto.com),
der Autor Thomas Jeier
(www.jeier.de) und die
kleine Annika (Foto), die
den Trip sehr genossen hat.

**Impressum**

Fotograf
**Christian Heeb** ist einer der erfolgreichsten internationalen
Reise- und Landschaftsfotografen. Mit seinen Bildbänden und
Kalendern setzt er neue Maßstäbe. Er lebt in Oregon und
rund um den Globus „on the road".

www.heebphoto.com
Fotoreisen und Photo Tours

Autor
**Thomas Jeier** ist einer der erfolgreichsten Autoren von
Reisebüchern, historischen Romanen und Jugendbüchern
im deutschsprachigen Raum. Er lebt bei München und
„on the road" in den USA und Kanada.
www.jeier.de

Buchgestaltung:
www.hoyerdesign.de

Karte:
Fischer Kartografie, Aichach

Alle Rechte vorbehalten

Printed in Germany

Repro: Artilitho, Lavis-Trento, Italien – www.artilitho.com
Druck/Verarbeitung: Offizin Andersen Nexö, Leipzig
© 2013 Verlagshaus Würzburg GmbH & Co. KG
© Fotos: Christian Heeb
© Texte: Thomas Jeier, außer:
© Kapiteltext „Outdoor Country": Christian Heeb

ISBN 978-3-8003-1962-6

Unser gesamtes Programm finden Sie unter:
www.verlagshaus.com